D1754105

ভূ

Gerd Fesser

»... ein Haufen verwilderter Professoren und verführter Studenten«

Das Wartburgfest der deutschen Studentschaft 1817

Verlag Bussert & Stadeler
Jena · Quedlinburg

Bibliografische Information der Deutschen Nationalbibliothek
Die Deutsche Nationalbibliothek verzeichnet diese Publikation in der Deutschen Nationalbibliografie; detaillierte bibliografische Daten sind im Internet über http://dnb.d-nb.de abrufbar.

Für Gudrun

Das Werk einschließlich aller seiner Teile ist urheberrechtlich geschützt. Jede Verwertung außerhalb der Grenzen des Urheberrechts ohne Zustimmung des Verlages ist unzulässig.
© by Verlag Bussert & Stadeler
www.bussert-stadeler.de
Titelbild: »Zug der Turner auf die Wartburg am vierten Jahrestag der Völkerschlacht bei Leipzig am 18. Oktober 1817«, © bpk-Bildagentur

Printed in Germany
ISBN 978-3-942115-44-5

Inhaltsverzeichnis

Vorwort	7
I. Das Fest am 18. und 19. Oktober 1817	9
II. Aufbruch im Schatten Napoleons	19
III. Die ersten Burschenschaften	29
IV. Der Weg nach Eisenach	41
V. Das Phantom der »Wartburgverschwörung«	45
VI. Vom Wartburgfest zur Allgemeinen deutschen Burschenschaft	53
VII. Der Attentäter aus Jena	59
VIII. Die »Demagogenverfolgungen«	63
IX. Völkerfrühling 1848	70
X. Die Wartburg als deutscher Erinnerungsort	74
XI. Dokumente	78
XII. Zeittafel	101
XII. Kleines Lexikon zum Wartburgfest und zur Burschenschaft	105
XIV. Quellen- und Literaturverzeichnis	113
Personenverzeichnis	117

Vorwort

Das Wartburgfest, dessen 200. Jubiläum in das Jahr 2017 fällt, war die erste politische Kundgebung in Deutschland von nationaler Dimension. Zugleich war es ein bedeutendes Ereignis in der Geschichte Thüringens. Das Fest stand im Zeichen des Protestes gegen die Restaurationspolitik der Fürsten und die fortbestehende Kleinstaaterei und erregte gewaltiges Aufsehen. Es war kein Zufall, wenn das studentische Treffen im Großherzogtum Sachsen-Weimar-Eisenach stattfand. Das Großherzogtum galt als liberaler Musterstaat und Eldorado der freien Presse. Großherzog Carl August, der Freund Goethes, hatte das Treffen genehmigt und den Studenten die Wartburg zur Verfügung gestellt.

Nach dem Fest malten deutsche Fürsten und Regierungen das Phantom einer »Wartburgverschwörung« an die Wand. Der Berliner Polizeidirektor Karl von Kamptz behauptete in einem Brief an Großherzog Carl August: auf der Wartburg habe »ein Haufen verwilderter Professoren und verführter Studenten ... mehrere Schriften öffentlich verbrannt«.

Die »Grundsätze und Beschlüsse des 18. Oktober«, die im Auftrag des Vorstands der Jenaer Burschenschaft von den Studenten Heinrich Riemann und Karl Müller ausgearbeitet wurden, forderten bürgerliche Freiheitsrechte und die nationale Einigung Deutschlands. Sie waren, wie der namhafte Verfassungshistoriker Ernst Rudolf Huber betonte, »das erste deutsche Parteiprogramm«. Ihre Formulierungen fanden später zum Teil wörtlich in die Paulskirchenverfassung von 1849, in die Weimarer Verfassung von 1919 und in das Grundgesetz der Bundesrepublik Deutschland von 1949 Eingang.

I. Das Fest am 18. und 19. Oktober 1817

Der 18. Oktober 1817 war für die Bürger von Eisenach ein großer Tag. Bereits an den beiden Tagen zuvor hatten sich etwa 500 Studenten eingefunden. Es gab damals im Gebiet des Deutschen Bundes nur etwa 8.500 Studierende, und so war immerhin jeder siebzehnte gekommen.

Aus der Universitätsstadt Jena waren mehr als 200 Studierende eingetroffen, aus Göttingen über 70, aus Berlin, Gießen und Kiel jeweils etwa 30, aus Erlangen, Marburg und Heidelberg je über 20, aus Leipzig 15, aus Rostock 9, aus Tübingen und Würzburg je zwei, von der Bergakademie Freiberg einer. Unter den Studenten aus Jena waren acht Ungarn und Slowaken, unter den Göttingern einige Letten und Esten, unter den Kielern einige Dänen. Viele der Studenten waren zu Fuß angereist. Die Studenten aus dem 400 Kilometer entfernten Kiel waren 14 Tage lang unterwegs gewesen, waren in Braunschweig, Wolfenbüttel und Mühlhausen eingekehrt und hatten den Brocken bestiegen.

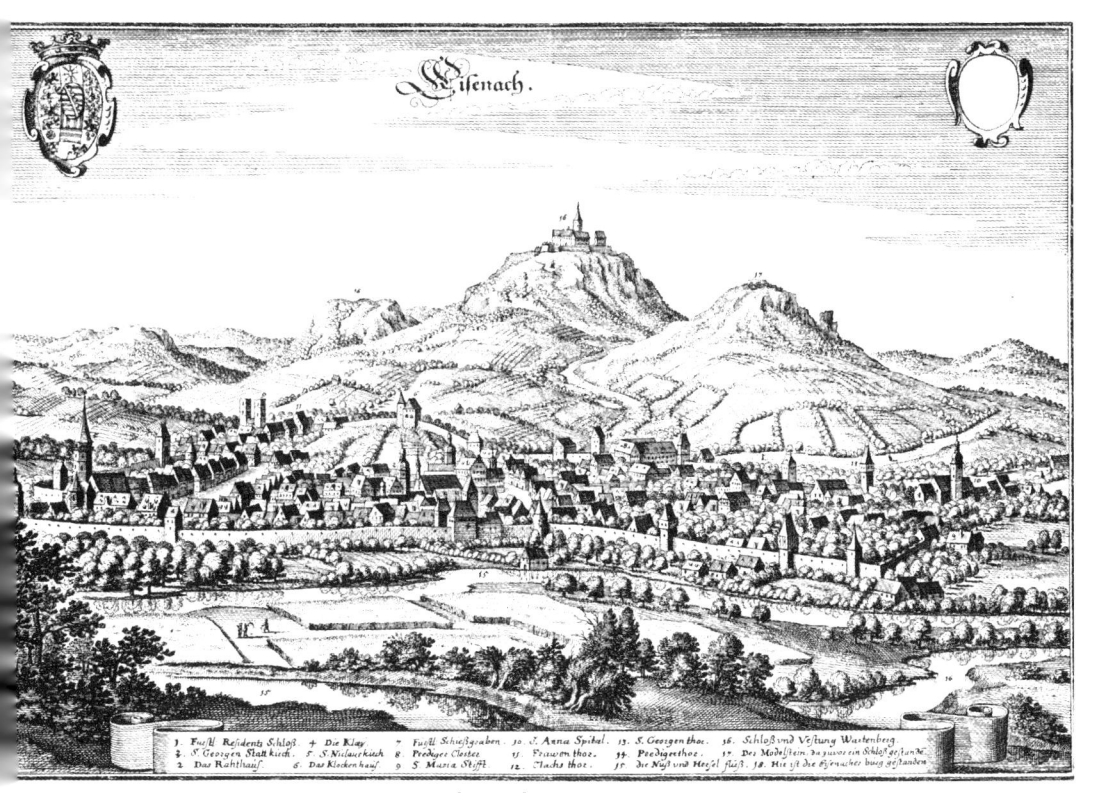

Eisenach, Stich von Merian, 1647

Am 18. Oktober nun versammelten sich die jungen Männer gegen acht Uhr auf dem Eisenacher Marktplatz. Eine halbe Stunde später setzten sie sich bei Glockenklang und feierlicher Musik in Marsch. Eine rot-schwarz-rote Fahne mit einem aufgestickten goldenen Eichenzweig und der Aufschrift »Ehre, Freiheit, Vaterland« wurde dem Zug vorangetragen. Die meisten der Studenten trugen lange schwarze Tuchröcke, dazu Barette – eine Tracht, die man damals »altdeutsch« nannte. Etliche von ihnen hatten sich einen Vollbart wachsen lassen und trugen das Haar lang.

Die Studenten gingen paarweise in langem Zug. An der Spitze des Zuges schritt der Jenenser Student Karl Hermann Scheidler, der zum »Burgvogt« gewählt worden war. Er trug in der Rechten das Schwert der Jenenser Burschenschaft. Ihm folgten die »Burgmänner« Daniel von Binzer aus Kiel, Johann Anton Christian Joseph Lauteren aus Heidelberg, Heinrich August Linstedt aus Leipzig und Karl Christian Wilhelm Sartorius aus Gießen, der »Fähnrich« des Tages Eduard Ernst Karl Graf von Keller aus Jena und die Fahnenbegleiter Georg Heinrich August Crome aus Göttingen, Ernst August Aegidi aus Berlin, Carl Ludwig Sand aus Erlangen und Philipp Heinrich aus Marburg.

Karl Hermann Scheidler

Es war einer jener sonnigen klaren Tage, die zuweilen den Oktober verklären. Der studentische Zug bewegte sich zur Wartburg hin, deren Konturen sich bereits deutlich aus dem Morgendunst herausschälten. Diese berühmte Burg hatte im hohen Mittelalter die Minnesänger Wolfram von Eschenbach und Walther von der Vogelweide in ihren Mauern gesehen. In den Jahren 1521/22 hatte hier Kurfürst Friedrich der Weise dem von Papst und Kaiser gebannten Martin Luther Zuflucht geboten. Hier hatte der Reformator seine großartige Übersetzung des Neuen Testaments niedergeschrieben.

Gegen zehn Uhr langten die Studenten auf der Wartburg an. Im Großherzogtum Sachsen-Weimar, zu dem Eisenach gehörte, bestand eine militärisch organisierte Gendarmerie. Das Tor der Burg war von Gendarmen bewacht, die nur Personen einließen, die eine der 1.000 ausgegebenen Einlaßkarten vorweisen konnten.

Auf der Burg wurden die Studenten und Bürger von den leitenden Beamten der Region, dem Präsidenten der Eisenacher Landesdirektion, Philipp Wilhelm von Motz, dem Vizepräsidenten Friedrich-Christian August von Schwendler, dem Polizeiinspektor von Eisenach, Johann Christian Lorenz sowie vom Kastellan der Burg, Wilhelm Bernhard Völker erwartet. Auch vier namhafte Professoren der Jenaer Universität hatten sich eingefunden: der Philosoph Jakob Friedrich Fries, der Mediziner Dietrich Georg Kieser, der Naturforscher Lorenz Oken und der Jurist Christian Wilhelm Schweitzer. Gemeinsam betrat man den »Rittersaal« im Erdgeschoß des Palas. Die Burg war damals in einem recht verfallenen Zustand.

Die Studenten waren auf die Burg gezogen, um zwei nationale Gedenktage zu feiern: den 300. Jahrestag von Luthers Thesenanschlag und den vierten Jahrestag der Völkerschlacht von Leipzig. Nach einem kurzen Gebet sang man gemeinsam Luthers Choral »Ein feste Burg ist unser Gott«. Dann hielt der Theologiestudent Heinrich Hermann Riemann die Festansprache. Riemann hatte 1813 im Lützowschen Freikorps gekämpft. 1815 hatte er als Leutnant an der Schlacht bei Ligny teilgenommen und war mit dem Eisernen Kreuz ausgezeichnet worden. Der ernste und bescheidene junge Mann war mittlerweile 23 Jahre alt und galt allgemein als der anerkannte Wortführer der Jenaer Studenten.

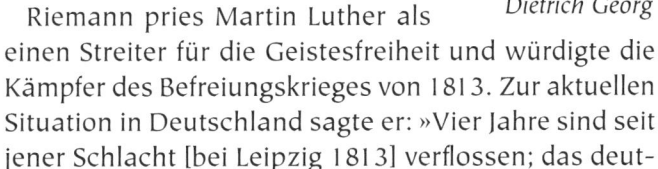

Riemann pries Martin Luther als einen Streiter für die Geistesfreiheit und würdigte die Kämpfer des Befreiungskrieges von 1813. Zur aktuellen Situation in Deutschland sagte er: »Vier Jahre sind seit jener Schlacht [bei Leipzig 1813] verflossen; das deutsche Volk hatte schöne Hoffnungen gefaßt, sie sind alle vereitelt. Alles ist anders gekommen, als wir erwartet hatten; viel Großes und Herrliches, was geschehen konnte und mußte, ist unterblieben; mit manchem heiligen und edlen Gefühl ist Spott und Hohn getrieben worden. Von allen Fürsten Deutschlands hat nur einer sein gegebenes Wort gelöst, der, in

Lorenz Oken

Jakob Friedrich Fries

Christian Wilhelm Schweitzer

Dietrich Georg Kieser

dessen freiem Lande wir das Schlachtfest begehen.« Der letzte Satz bezog sich, wie jeder der Anwesenden wußte, auf Carl August, den populären Großherzog von Sachsen-Weimar-Eisenach und Freund Goethes.

Der junge Redner rief seine Kommilitonen auf, sich nicht etwa mit der deutschen Misere abzufinden, sondern all ihre Kraft für die Einheit und Freiheit des Vaterlandes einzusetzen. Nach Riemanns Vortrag sangen die Studenten den Choral »Nun danket alle Gott«.

Fries hatte 200 Exemplare seiner »Rede an die Burschen« drucken lassen und verteilte sie jetzt. Auf Bitte seiner Studenten improvisierte er eine kurze Ansprache. Sie endete mit dem Wahlspruch: »Ein Gott, Ein Deutsches Schwert, Ein Deutscher Geist für Ehre und Gerechtigkeit!«. Auch Oken ergriff das Wort. Er beschwor die Studenten, nicht auseinander zu gehen, ohne sich im Prinzip über die Gründung einer deutschen Burschenschaft verständigt zu haben.

Gegen zwölf Uhr nahmen die Studenten und Gäste im »Minnesängersaal« und den anstoßenden Räumen gemeinsam das Mittagsmahl ein. Dabei wurden zahlreiche Trinksprüche ausgebracht, insbesondere auf die Märtyrer des Befreiungskampfes Ferdinand von Schill, Gerhard von Scharnhorst, Friedrich Friesen und Theodor Körner, auf die Propagandisten des Befreiungskrieges Ernst Moritz Arndt und Friedrich Ludwig Jahn und auf Professor Fries.

Nach 13 Uhr zogen die Studenten wieder zur Stadt hinab, wo 14 Uhr in der Georgenkirche ein Festgottesdienst stattfand. Die Regierung in Weimar hatte angeordnet, für alle Fälle den Eisenacher Landsturm bereitzustellen. Landsturmmänner, Studenten und die Leiter der Eisenacher Behörden, zusammen mehr als 1.000 Menschen, nahmen gemeinsam am Gottesdienst teil. Superintendent Johann August Nebe erinnerte in seiner Predigt an die Völkerschlacht bei Leipzig und nahm auch Bezug zum Treffen auf der Wartburg.

Nach dem Gottesdienst sangen Studenten und Landsturmmänner auf dem Marktplatz gemeinsam Freiheitslieder. Turner (zumeist Jenaer und Berliner Studenten) führten Laufübungen, Bockspringen, »Ziehkampf am langen Ziehtau« und Kletterübungen vor.

Am Abend fand dann auf dem Wartenberg nordwestlich von Eisenach eine »Sieges- und Dankfeier« zur Erinnerung an die Völkerschlacht statt. Die Studenten versammelten sich gegen 18.00 Uhr auf dem Marktplatz und zogen paarweise mit Fackeln zum Berg hinauf. Nur einer der Professoren, Fries, schloß sich ihnen an. Der Landsturm und einige tausend Eisenacher Bürger waren bereits zur Stelle, und es brannten mächtige

»Siegesfeuer«. Der Wartenberg bot viel mehr Raum als die Wartburg. Es waren Schaubuden, Zelte und Verkaufsstände aufgebaut, an denen Getränke und Leckerbissen angeboten wurden. Man sang und unterhielt sich, es kam Volksfeststimmung auf.

Der Jenaer Student der Philosophie Ludwig Rödiger sprach zu seinen Kommilitonen. Hatte sich der besonnene Riemann mittags bei der Wortwahl um Mäßigung bemüht, so griff Rödiger jetzt die deutschen Obrigkeiten heftig an und klagte das Recht der Studenten auf freie Meinungsäußerung und politische Mitbestimmung ein. »Wer bluten darf für das Vaterland«, so rief er aus, »der darf auch davon reden, wie er ihm am besten diene im Frieden. So stehn wir unter freiem Himmel und sagen das Wahre und Rechte laut. Denn die Zeit ist gottlob gekommen, wo sich der Deutsche nicht mehr fürchten soll vor den Schlangenzungen der Lauscher und dem Henkerbeil der Tyrannen und sich niemand entschuldigen muß, wenn er vom Heiligen und Wahren spricht.«

Zug der Studenten zur Wartburg

Nach dem warmen Herbsttag hatte es sich unterdessen merklich abgekühlt, und ein eisiger Wind fegte über den Berg. Die Honoratioren, Professor Fries, die Mehrzahl der Eisenacher Bürger und auch ein Teil der Studenten kehrten in die Stadt zurück.

Erst jetzt kam es zu jenem Ereignis, welches das studentische Treffen vom 18. Oktober 1817 am meisten berühmt gemacht hat: der Bücherverbrennung. Initiator dieses Spektakels war der Student Hans Ferdinand Maßmann, ein Jünger des »Turnvaters« Friedrich Ludwig Jahn, offenbar war Jahn auch der eigentliche Urheber.

Freilich wurden keine wirklichen Bücher verbrannt, die ja teuer waren. Maßmann kannte die Jenaer Buchdruckersöhne Robert und Wilhelm Wesselhoeft. Diese vermittelten, daß Maßmann sich mit einigen Berliner Studenten aus der Eisenacher Druckerei Bärecke Stapel von Makulaturpapier beschaffen konnte. Man schnürte dieses Papier zu Bündeln und versah sie mit Deckeln aus schwarzer Pappe. Einer der Berliner Studenten schrieb auf diese Deckel (wohl nach einer Liste, die Jahn verfaßt hatte) in Kurzform die Titel der Schriften, die symbolisch verbrannt werden sollten.

An diesem Abend nun traten Maßmann und einige seiner Freunde mit einem großen Korb an eins der Feuer heran. Im Korb lagen die Packen von Makulaturpapier. Maßmann erinnerte die Studenten daran, daß Martin Luther im Jahre 1520 vor dem Wittenberger Elstertor die Bannandrohungsbulle »Exurge Domine« des Papstes Leo X. öffentlich verbrannt hatte. Dann rief er aus: »So wollen auch wir durch die Flamme verzehren lassen das Angedenken derer, so das Vaterland geschändet haben durch ihre Rede und Tat und die Freiheit geknechtet und die Wahrhaftigkeit und Tugend verleumdet haben in Leben und Schriften …«. Anschließend verlas er die Namen der Autoren, die auf den Papierbündeln standen. Die umstehenden Studenten riefen jeweils »Ins Feuer!« – und einer der Gefährten Maßmanns schleuderte die Packen mit einer Mistgabel in die Flammen.

Betroffen von der symbolischen Verbrennung waren 28 Autoren, de-

Die symbolische Bücherverbrennung

ren Schriften den Jüngern Jahns als reaktionär und »undeutsch« galten. Insbesondere vier Autoren, deren Schriften den Flammen überantwortet wurden, waren Gegner der Stein/Hardenbergschen Reformen, verteidigten den Absolutismus und befürworteten die Restauration der Adelsherrschaft. Der Prediger und Professor Friedrich von Ancillon hatte eine Schrift »Über Souveränität und Staatsverfassungen« veröffentlicht. Er war Erzieher des preußischen Kronprinzen und einflußreicher Berater des Königs Friedrich Wilhelm III. Als sein Buch ins Feuer geworden wurde, erscholl unter den Umstehenden der Ruf: »Frohne Du fortan dem Zwingherrn der Hölle!«.

Der Staatsrechtler Karl Ludwig von Haller hatte 1816 den ersten Band seines Hauptwerks »Die Restauration der Staatswissenschaften« vorgelegt. Er forderte darin die völlige Wiederherstellung der Feudalordnung und lieferte so dem reaktionären Kreis am preußischen Königshof das geistige Rüstzeug. »Der Gesell will keine Verfassung des Deutschen Vaterlandes!« riefen die Studenten.

Der Name »Schmalz« war den Studenten geläufig. Der Professor und einstige Rektor der Berliner Universität, Theodor Schmalz, übrigens ein Schwager des Generals Gerhard von Scharnhorst, legte 1815 die Schrift »Berichtigung einer Stelle in der Bredow-Venturinischen Chronik für das Jahr 1808. Über politische Vereine und ein Wort über Scharnhorsts und meine Verhältnisse zu ihnen« vor. Er bestritt darin, daß der Befreiungskrieg von 1813 in Preußen von einer allgemeinen Begeisterung getragen worden war. Und er denunzierte die damaligen patriotischen Geheimgesellschaften wie den Tugendbund und behauptete, diese Gesellschaften bestünden noch immer und stellten eine Bedrohung für die Monarchie dar. Angesehene Persönlichkeiten Preußens wie der Theologe Friedrich David Schleichermacher, der Architekt Friedrich Schinkel und der Rechtsgelehrte Friedrich Carl von Savigny griffen Schmalz heftig an. Es ging in der Schrift von Schmalz und dann im sogenannten Tugendbundstreit in Wirklichkeit nicht um die Geheimgesellschaften, sondern um die Rolle des Bürgertums im Befreiungskrieg und um dessen Forderung nach mehr politischen Rechten. Der Vorstoß von Schmalz fiel bei Friedrich Wilhelm III. auf fruchtbaren Boden. Der König verlieh dem Autor den Roten Adlerorden und verbot unter Androhung schwerer Strafen jede weitere Debatte über diese Schrift.

Auf dem Wartenberg flogen die »Berichtigung ...« und zwei weitere Schriften von Schmalz ins Feuer. Den Studenten galten die reaktionären Gesinnungsgenossen des Schmalz als »Schmalzgesellen«.

Während des Tugendbundstreits hatten nur ganz wenige Publizisten auf der Seite von Schmalz gestanden und seine Schrift gelobt. Einer von ihnen war Karl Christoph Alfred Heinrich von Kamptz, Direktor im preußischen Polizeiministerium und Hauptexponent der reformfeindlichen Kräfte in der hohen Bürokratie. Er hatte den »Codex der Gendarmerie«, eine Sammlung der deutschen Polizeigesetze, herausgegeben, die nun ein Raub der Flammen wurde.

August von Kotzebue war ein Schriftsteller von geradezu unglaublicher Produktivität. Er schrieb mehr als 200 Theaterstücke, dazu zahlreiche Romane und Reisebeschreibungen. Es gab im 19. Jahrhundert in ganz Europa keinen zweiten Dramatiker, dessen Stücke auch nur annähernd so oft wie die seinen gespielt wurde. Als Publizist verherrlichte Kotzebue die Restaurationspolitik der Fürsten. Verbrannt wurde seine »Geschichte des deutschen Reiches von den Anfängen bis zu seinem Untergang«, die der Vielschreiber auch noch verfaßt hatte.

Verbrannt wurde auch der »Code Napoléon«. Das war beim deutschen Nationalfest am 18. Oktober 1814 gleichfalls geschehen, so bei Amorbach in Baden, Kreuznach und auf dem Feldberg im Taunus. Man sah dabei in dem Gesetzbuch lediglich ein Symbol der französischen Fremdherrschaft und ignorierte, daß darin wichtige Errungenschaften der Französischen Revolution wie die persönliche Freiheit, die Gleichheit vor dem Gesetz, die Gewerbefreiheit und die Trennung von Kirche und Staat festgeschrieben waren.

Auch die Schrift »Die Germanomanie. Skizze zu einem Zeitgemälde« des jüdischen Literaten Saul Ascher vom Jahre 1815 verfiel dem »Feuergericht«. Ascher hatte seinerzeit die Französische Revolution und dann auch die von Napoleon geschaffene Ordnung begrüßt. In seiner Schrift warnte er vor der Deutschtümelei und Judenfeindschaft, die in der patriotischen Bewegung, namentlich unter den Turnern, verbreitet waren. Er benannte den Philosophen Johann Gottlieb Fichte, Ernst Moritz Arndt, Jahn und die Mitglieder des Tugendbundes als »Germanomanen«. Einer der Studenten rief, als der Name Aschers am Feuer fiel: »Wehe über die Juden, so da festhalten an ihrem Judenthum und wollen über unser Volksthum und Deutschthum spotten und schmähen«.

Die Verbrennung militärischer Symbole

Auch Symbole der absolutistischen Herrschaft und ihres Militärs – ein preußischer Ulanenschnürleib, ein hessischer Militärzopf sowie ein nassauischer und ein österreichischer Korporalstock – flogen in die Flammen.

Wir Heutigen denken beim Wort »Bücherverbrennung« natürlich an die Bücherverbrennung der Nazis am 10. Mai 1933 und an das Wort Heinrich Heines: wo man Bücher verbrenne, werde man schließlich auch Menschen verbrennen. Für die Zeitgenossen von 1817 aber waren Bücherverbrennungen nichts Außergewöhnliches. Das preußische Allgemeine Landrecht von 1794 etwa sah sie als »zweckmäßige Strafe« vor. Und der erwähnte Kamptz empfahl just im Jahre 1817, sie gegen aufsässige Professoren einzusetzen. Auch ist zu beachten: im Jahre 1817 verbrannten nicht

Allgemeines Landrecht für die Preußischen Staaten, 2. Theyl, 20. Titel, 4. Abschnitt

die Mächtigen die Bücher der Unterdrückten, sondern die Unterdrückten die Bücher der Mächtigen. Gleichwohl war die Tat Maßmanns und der Seinen ein Exzeß.

Nach dem Autodafé sangen die Studenten und Landsturmmänner patriotische Lieder. Gegen Mitternacht zogen sie dann den Berg hinunter. Auf dem Marktplatz ließen sie noch den Großherzog Carl August hochleben.

Am nächsten Morgen fanden sich die Studenten wiederum auf der Wartburg ein und setzten ihre Debatte fort. Die anspruchsvollste und wichtigste der Reden hielt der Sprecher der Heidelberger Burschenschaft, Friedrich Wilhelm Carové. Dieser Mann war mit 28 Jahren erheblich älter als das Gros seiner Kommilitonen, und sein Horizont war auch weiter. Er stammte aus Koblenz und hatte die tiefgreifenden fortschrittlichen Neuerungen, welche die Franzosen im Rheinland durchgesetzt hatten, schon bewußt miterlebt. Als Zollkontrolleur hatte er im französischen Staatsdienst gestanden. Mittlerweile studierte er Philosophie bei Georg Wilhelm Friedrich Hegel. Der stud. phil. war ein deutscher Patriot, doch jenen undifferenzierten Franzosenhaß, der für Jahn und die Seinen so typisch war, lehnte er ab. In seiner Rede erinnerte er daran, daß der Geist, »der die Ideen von bürgerlicher Freiheit und von Vorurteilsfreiheit erweckte und die Anerkennung der wahren Menschenwürde forderte«, im Jahre 1789 aus Frankreich gekommen sei.

Am Nachmittag und Abend des 19. Oktober zerstreuten sich die Studenten nach Osten, Süden, Westen und Norden. Sie alle waren durch die Begegnung mit den Kommilitonen aus fast ganz Deutschland tief aufgewühlt. Unter Tränen ging man auseinander. Für viele der jungen Akademiker waren die beiden Tage von Eisenach das große und prägende Ereignis ihres Lebens.

II. Aufbruch im Schatten Napoleons

Die jungen Akademiker des Jahres 1817 waren größtenteils zwischen 1795 und 1800 geboren worden. Über ihrer Kindheit und Jugend lag der Schatten Napoleons, und so wußten sie, was Kriege, Fremdherrschaft und allgemeine Verarmung bedeuteten. Viele von ihnen standen den alten Obrigkeiten skeptisch gegenüber. Kläglich hatten die Regierenden Preußens 1806 und in den Jahren zuvor agiert, würdelos etliche der deutschen Fürsten um die Gunst Napoleons gebuhlt.

Zwischen 1805 und 1807 errang Kaiser Napoleon I. eine Serie großer Siege: 1805 schlug er bei Austerlitz die vereinigten Armeen der Großmächte Rußland und Österreich, 1806 bei Jena und Auerstedt die hochrenommierte (freilich allgemein überschätzte) preußische Armee, 1807 bei Friedland von neuem die russische Armee. Mit Ausnahme Österreichs und Preußens mußten sich sämtliche deutschen Länder dem Rheinbund anschließen, an dessen Spitze Napoleon als »Protektor« stand.

Nach seinem Sieg über Preußen errichtete Napoleon 1807 das Königreich Westphalen, das zwischen Rhein und Elbe fast 40.000 Quadratkilometer umfaßte. Als König setzte er seinen jüngsten Bruder Jérôme ein. In Westphalen und in den Staaten des Rheinbundes wurden nun nach französischem Vorbild zügig tiefgreifende Reformen durchgesetzt. Sie brachten den Menschen die Gleichheit vor dem Gesetz, die Freizügigkeit und die Gewerbefreiheit, beseitigten die Privilegien des Adels und die Leibeigenschaft. Nicht nur dieser Modernisierungsschub, sondern auch die vergleichbaren Reformen, welche die Staatsmänner Heinrich Friedrich Karl Reichsfreiherr vom und zum Stein und Karl August Freiherr von Hardenberg seit 1807 im besiegten Preußen durchführten, wären ohne den Anstoß durch Napoleon undenkbar gewesen.

Heinrich Friedrich Karl Reichsfreiherr vom und zum Stein

Karl August Freiherr von Hardenberg

1806/07 nahm in Norddeutschland die Masse der Bevölkerung den Zusammenbruch Preußens und den Triumph Napoleons gleichmütig auf. Unter den Gebildeten gab es viele, die Napoleon bewunderten und große Hoffnungen auf ihn setzten. Viele deutsche Intellektuelle sahen in ihm den Mann, der die Revolution von 1789 gebändigt und gleichzeitig ihre Errungenschaften bewahrt hatte.

Die harte Praxis des französischen Besatzungsregimes ließ dann aber viele Illusionen verfliegen. In breiten Bevölkerungskreisen breitete sich Unzufriedenheit aus. Mehr und mehr spürten die Menschen in Stadt und Land die Last der Fremdherrschaft. Immer wieder wurden napoleonische Truppen bei Bürgern und Bauern einquartiert und mußten beköstigt werden. So lagen am 16. und 17. Juli 1809 in den Erfurter Dörfern 16.000 holländische und westphälische Soldaten im Quartier. Die Bauern mußten den Franzosen Pferde liefern und Spanndienste leisten. Das hatte zur Folge, daß sie ihre Feldarbeit vernachlässigen mußten und die Ernteerträge sanken. Häufig plünderte durchziehendes Militär. Die Truppen der Rheinbundstaaten mußten an den Eroberungszügen Napoleons teilnehmen. So starben in Spanien und später in Rußland Zehntausende deutscher Soldaten.

Am schwierigsten war die Situation Preußens. Bis zum Dezember 1808 blieb das Land mit Ausnahme der Provinz Ostpreußen besetzt. Die Kosten für die Versorgung der 150.000 Mann starken Besatzungsarmee wurden dem Land auferlegt. Obendrein mußte Preußen sich verpflichten, 120 Millionen Francs (32,4 Millionen Taler) Kriegskontribution zu zahlen. Die Franzosen übten im besetzten Preußen eine strenge Zensur über alles Geschriebene und Gedruckte, kontrollierten die Post, die Verlage und die Buchhandlungen. Jegliche Kritik am Herrschaftssystem Napoleons wurde streng bestraft. Da Preußen durch den Frieden von Tilsit die Hälfte seines Staatsgebiets verloren hatte und finanziell am Rande des Ruins stand, mußte es Tausende von Beamten und Offizieren entlassen. Ein großer Teil dieser Menschen geriet dadurch in bittere Not und war natürlich für antifranzösische Propaganda empfänglich.

Der König von Preußen, Friedrich Wilhelm III., war ein schwungloser, schüchterner, ewig unentschlossener Mensch. Im Verlaufe des Jahres 1807 begriff er aber: sein gebeutelter Staat war nur durch tiefgreifende Reformen zu retten. So berief er denn im Juli den General Gerhard von Scharnhorst an die Spitze einer »Militär-Reorganisationskommission«. Im Oktober ernannte der König den früheren Wirtschafts- und Finanzminister Stein zum leitenden Minister. Die Reformer modernisierten unter äußerst komplizierten Bedingungen Staatsapparat, Wirtschaft und Militär und bereiteten insgeheim den künftigen Befreiungskrieg vor.

Friedrich Wilhelm III.

In den Jahren seit 1806 entstand in Deutschland eine antinapoleonische Nationalbewegung. 1806 legte Ernst Moritz Arndt den ersten Band seiner patriotischen Schrift »Geist der Zeit« vor. Er wurde von der französischen Besatzungsmacht verfolgt und ging 1812 als Mitarbeiter des Freiherrn vom Stein nach Rußland.

Im Winter 1807/08 hielt der Philosoph Johann Gottlieb Fichte in Berlin seine berühmten »Reden an die deutsche Nation«, die er 1808 als Buch veröffentlichte. Darin erklärte er: das deutsche Volk kämpfe gegen die militärische und kulturelle Unterjochung durch Frankreich um seine Freiheit und Identität. Die romantischen Literaten beriefen sich auf die deutsche Vergangenheit und stellten dem Empire ein nationales Leitbild entgegen. Napoleon, den sie zunächst bewundert hatten, erschien ihnen nun als ein Ungeheuer.

Es bildeten sich zahlreiche patriotische Gruppen und Organisationen. Da sie von der französischen Besatzungsmacht und teilweise auch von den eigenen Regierungen verfolgt wurden, agierten sie zumeist geheim. 1808 wurde in Königsberg der Tugendbund gegründet. Sein eigentlicher Name war »Gesellschaft zur Übung öffentlicher Tugenden«. Der Tugendbund war eine lizenzierte patriotische Gesellschaft, der 750 Beamte, Militärs und bürgerliche Honoratioren angehörten. Insgeheim war er für den antinapoleonischen Widerstand tätig. Der Tugendbund wurde 1809 aufgelöst, bestand jedoch als Netzwerk und Gesinnungsgenossenschaft weiter.

1810 gründeten Friedrich Ludwig Jahn und sein Mitstreiter Friedrich Friesen den geheimen »Deutschen Bund«. Über die Ziele des »Deutschen Bundes« hat der wohl informierte Publizist Georg Friedrich von Cölln (er war Mitglied des »Charlottenburger-Bundes«, der im Stillen den Tugendbund fortsetzte) später vor Gericht erklärt: der »Deutsche Bund« wollte alle deutschen Fürsten mit Ausnahme des Königs von Preußen absetzen und eine liberale Verfassung einführen. 1811 rief Jahn in Berlin die Turnbewegung ins Leben, eine patriotische Jugendorganisation, die sich durch vormilitärische Ausbildung auf den Befreiungskrieg vorbereitete.

In dem Bestreben, die Fremdherrschaft zu brechen, waren sich die verschiedenen Gruppierungen der Nationalbewegung einig. Ihre Vorstellungen darüber, was nach der Befreiung geschehen solle, gingen auseinander. Fichte, Arndt und Jahn wollten die Macht der Fürsten einschränken und Deutschland staatlich einigen. Friedrich Schlegel, Heinrich von Kleist, Adam Müller und andere idealisierten die alte Ordnung, die vor 1789 bestanden hatte. Ihr Patriotismus war rückwärtsgewandt.

Am 16. März 1813 erklärte Preußen dem napoleonischen Frankreich den Krieg. Am Tag darauf wandte sich König Friedrich Wilhelm III. mit dem Aufruf »An mein Volk« an seine Untertanen. Er gab darin Rechenschaft über Ursachen und Ziele des Krieges und sprach die Untertanen als »Preußen und Deutsche« an.

Der König handelte nicht aus freiem Willen, sondern als ein Getriebener. Er hatte sich 1812 unter dem Druck Napoleons an dessen Krieg gegen Rußland beteiligt. Nach dem Untergang der Großen Armee schloß General Ludwig von Yorck am 30. Dezember eigenmächtig mit dem russischen General Johann von Diebitsch die berühmte Konvention von Tauroggen. Er erklärte damit die preußischen Truppen, die bisher an der Seite der Franzosen gekämpft hatten, für neutral. In seinem Bericht an den König schlug er diesem vor, die Seite zu wechseln.

Aufruf »An mein Volk«

Doch Friedrich Wilhelm erklärte die Konvention für nichtig und ordnete die Absetzung Yorcks an. Noch immer hegte er große Furcht vor Napoleon und mißtraute den patriotischen Kräften um General Scharnhorst. Doch er geriet mehr und mehr unter den Druck der öffentlichen Meinung. Am 20. Februar 1813 berichtete Karl Ludwig Georg von Ompteda, der geheime britische Beauftragte bei der preußischen Regierung: »Wenn der König sich weigerte, die Mittel zu gebrauchen, die ihm seine Untertanen entsprechend dem allgemeinen Willen der Nation zur Verfügung gestellt haben, oder wenn er nur zögerte, die Anstrengungen zu unterstützen, die Rußland unternimmt, um die preußische Monarchie wiederherzustellen, halte ich die Revolution für unvermeidlich«.

Friedrich Wilhelm begriff endlich, in welch gefährlicher Situation er sich befand. Er trat die Flucht nach vorn an und stellte sich an die Spitze der patriotischen Bewegung. Am 26. Februar stimmte er dem Entwurf eines Bündnisvertrags mit Rußland zu. Er rehabilitierte Yorck – wirklich verziehen hat er ihm nie.

Konservative Historiker haben lange Zeit behauptet, der König habe 1813 zum Befreiungskrieg gerufen, und »alle, alle« seien gekommen.

Die Lützower Jäger

Eckart Kehr (1902–1933) ein brillanter Außenseiter der Historikerzunft, hat den Satz umgedreht: alle, alle hätten gerufen, bis der König endlich kam.

Im Befreiungskrieg spielten dann neben Flugschriften und Presseartikeln patriotisch-nationale Lieder und Gedichte eine wichtige Rolle. Namentlich Ernst Moritz Arndt bediente sich einer kraftvollen, eingängigen und zugleich volkstümlichen Sprache. Neben ihm gehörte der erst 22 Jahre alte Theodor Körner zu den populärsten Dichtern der Befreiungskriege. Im März 1813 verkündete er: »Es ist kein Krieg, von dem die Kronen wissen! Es ist ein Kreuzzug, s' ist ein heil'ger Krieg!« Arndt und Jahn predigten Haß – nicht nur gegen Napoleon, sondern pauschal gegen das französische Volk.

Noch vor der Kriegserklärung an Frankreich, am 18. Februar 1813, hatte der Major Adolf von Lützow ein Freikorps gebildet. Es meldeten sich zahlreiche Freiwillige. Zum größten Teil waren das junge Männer, die nicht aus Preußen, sondern aus Gebieten Nordwest- und Mitteldeutschlands stammten. Da die Militärbehörden keine Uniformen liefern

Ferdinand Hodler, »Auszug deutscher Studenten in den Freiheitskrieg von 1813«

konnten, färbten die Freiwilligen ihre Zivilkleidung einheitlich schwarz. Kragen, Aufschläge und Achselklappen der Lützower waren ebenfalls schwarz, mit einer Einfassung von rotem Tuch. Die Knöpfe waren golden. Die Uniform der Lützower bildete so später die Vorlage für die schwarzrot-goldene deutsche Fahne. Das Freikorps leistete seinen Eid nicht auf den preußischen König, sondern auf »das Vaterland«.

Auch zahlreiche Studenten der Universität Jena machten sich auf den Weg nach Breslau, wo sich anfangs der Sammelplatz des Freikorps Lützow befand. Der Schweizer Maler Ferdinand Hodler hat den Aufbruch der Jenenser Studenten in einem berühmten Gemälde, das heute die Aula der Friedrich-Schiller-Universität schmückt, gestaltet. Im Freikorps trafen die Studenten mit Jahn, Friesen und Körner zusammen. Das Korps zählte im März 1813 1.033 Mann, im August 3.666. Insgesamt trat mehr als die Hälfte aller Studenten der norddeutschen Universitäten in die verschiedenen Freiwilligenformationen oder in die preußische Landwehr ein.

In den Tagen vom 16. bis 19. Oktober 1813 errangen dann russische, österreichische, preußische und schwedische Truppen in der Völkerschlacht

Vladimir Ivanovich Moshkov, »Die Schlacht bei Leipzig«

bei Leipzig den entscheidenden Sieg über die Armee Napoleons. Am 31. März 1814 zogen die Armeen der Verbündeten in Paris ein. Napoleon wurde abgesetzt, und die Sieger wiesen ihm die italienische Insel Elba als souveränes Fürstentum zu.

Am Abend des 18. Oktober 1814 loderten zur Erinnerung an die Völkerschlacht in weiten Teilen Deutschlands mächtige Feuer. Sie waren Bestandteil öffentlicher Feste, die am Tag darauf fortgesetzt wurden. Zeitgenossen sprachen von einem »teutschen Nationalfest«. Vier Jahre zuvor hatte Jahn in seinem Buch »Deutsches Volksthum« vorgeschlagen, künftig in jedem Jahr deutsche Nationalfeste zu feiern. Ihm schwebten drei Termine für diese Feste vor: der Tag der »Hermannsschlacht« vom Jahre 9, der Tag der Schlacht bei Merseburg (gegen die Ungarn) 933 und der Tag des Augsburger Religionsfriedens vom 25. September 1555.

Arndt griff seit 1813 in mehreren Schriften die Idee Jahns auf. Auch er hielt an dessen Vorschlag fest, den Jahrestag der Schlacht im Teutoburger Wald zu feiern. Als zweiten Termin aber brachte er den 18. Oktober, den entscheidenden Tag der Völkerschlacht, ins Gespräch. Im September 1814 veröffentlichte Arndt seine Schrift »Ein Wort über die Feier der Leipziger Schlacht«. Darin erklärte er: nur an einem Tag im Jahr solle das Nationalfest gefeiert werden, nämlich am 18. Oktober. Zu Arndts Entscheidung für den 18. Oktober hatte maßgeblich sein Treffen mit

Jahn, dem Landrichter Karl Hoffmann, den Brüdern Ludwig und Wilhelm Snell, den Professoren Karl Theodor und Friedrich Gottlieb Welcker und dem Rektor Friedrich Ludwig Weidig in Rödelheim bei Frankfurt am Main Anfang Mai beigetragen.

In seiner Schrift »Ein Wort über die Feier der Leipziger Schlacht« entwarf Arndt ein detailliertes Programm für die angestrebten Nationalfeste: Am Abend des ersten Tages sollten auf Bergspitzen und Türmen Feuer entzündet und bis Mitternacht unterhalten werden. Die Feuer sollten von der »Gemeinschaft und Eintracht« aller Deutschen künden. Am folgenden Tag sollten vormittags feierliche Umzüge und Gottesdienste, nachmittags Volksfeste folgen.

Arndts Vorschlag wurde in der Presse erfolgreich propagiert, und tatsächlich fanden am 18. und 19. Oktober in vielen Orten, insbesondere in West- und Mitteldeutschland und in Brandenburg, Feste im Sinne Arndts statt. Beispielsweise nahmen in Marburg mehr als 8.000 und in Berlin mehr als 10.000 Menschen teil. Die Feste des Jahres 1814 hatten größtenteils die gleiche Form: Feuer, Festzug und eine patriotische Rede am Abend, Kirchgang und Geselligkeit am folgenden Tag. In den Reden geißelte man durchweg die französische Fremdherrschaft der Jahre bis 1813 und stellte Napoleon als »Volkswürger« und »Satan« dar.

»Wahre Abbildung des Eroberers Napoleon Bonaparte«

Karl Hoffmann gab 1815 den Festbericht »Des Teutschen Volkes feuriger Dank- und Ehrentempel oder Beschreibung wie das aus zwanzigjähriger französischer Sklaverei durch Fürsten-Eintracht und Volkskraft gerettete Teutsche Volk die Tage der entscheidenden Völker- und Rettungsschlacht bei Leipzig am 18. und 19. October zum erstenmal gefeiert hat« heraus. Der Bericht umfaßte 1.146 Seiten und beschrieb Feste an 780 Orten. Die studentischen Organisatoren des Wartburgfestes kannten Hoffmanns Buch und planten ihr Fest nach dem Vorbild der Feiern von 1814.

1813/14 versprachen die deutschen Fürsten ihren Untertanen Freiheitsrechte und Verfassungen, um sie für den Kampf gegen Napoleon

Des
Teutschen Volkes
feuriger
Dank- und Ehrentempel
oder
Beschreibung
wie
das aus zwanzigjähriger französischer Sklaverei
durch
Fürsten-Eintracht und Volkskraft
gerettete Teutsche Volk
die Tage der entscheidenden Völker- und Rettungsschlacht
bei Leipzig
am 18. und 19. Oktober 1814.
zum
erstenmale gefeiert hat.

Gesammelt und herausgegeben
von
Karl Hoffmann
zu Rödelheim.

Auf Kosten des Herausgebers.

Offenbach,
gedruckt mit Brede'schen Schriften.
1815.

Titelblatt

zu mobilisieren. Nach dem Sieg aber regierten sie so absolutistisch wie zuvor. Die Aktivisten der Nationalbewegung waren nicht bereit, das einfach hinzunehmen. Ihre geheimen patriotischen Vereine waren nach dem Kriege bestrebt, fortan öffentlich und legal zu wirken.

1814 rief Arndt dazu auf, »Deutsche Gesellschaften« zu bilden. Diese sollten die »Liebe zum Vaterland« stärken und so zur staatlichen Einigung Deutschlands beitragen. Am Mittelrhein, Main und Neckar entstanden in den Städten etliche Deutsche Gesellschaften. Die Regierungen erzwangen bald deren Auflösung. Der nassauische Staatsrat Karl Ibell brachte die Einstellung der Fürsten und ihrer Ratgeber gegenüber den Deutschen Gesellschaften auf den Punkt. Im Entwurf einer landesherrlichen Entscheidung über die Deutschen Gesellschaften formulierte er: »Es ist eine ebenso unvernünftige als gesetzwidrige Idee, wenn Privatpersonen glauben mögen, berufen oder ermächtigt zu sein, einzeln oder auch in Verbindung mit andern selbständig oder unmittelbar so jetzt als künftig zu den großen Nationalangelegenheiten Deutschlands mitzuwirken.«

Die aktivsten Mitglieder der Deutschen Gesellschaften gaben jedoch nicht auf, sondern machten weiter. Jahns »Deutscher Bund« löste sich 1814/15 auf. 1815 bildete Karl Hoffmann einen gleichnamigen Bund, der auch »Hoffmannscher Bund« genannt wurde. Der Bund führte das Programm Jahns fort und strebte die nationalstaatliche Einigung Deutschlands unter preußischer Hegemonie an. Ihm gehörten unter anderem die Brüder Welcker, Louis und Carl Snell und Karl und August Ludwig Follen sowie Friedrich Ludwig Weidig an.

Im März 1815 kehrte Napoleon von Elba nach Frankreich zurück und riß wieder die Herrschaft an sich. In dieser Situation nahm Karl Hoffmann über den Generalgouverneur des Großherzogtums Berg, Karl Justus von Gruner, Kontakt zum preußischen Staatskanzler Karl August von Hardenberg und zu General August von Gneisenau auf. Der Hoffmannsche Bund wollte zur Unterstützung Preußens gegebenenfalls eine »Deutsche Freischar« formieren.

Am 18. Juni wurde Napoleons Armee in der Schlacht bei Waterloo von den Marschällen Arthur Herzog von Wellington und Gebhard Leberecht von Blücher besiegt. Auch beim Feldzug von 1815 traten wieder zahlreiche Studenten als Freiwillige Jäger in die preußische Armee ein. In der Schlacht bei Ligny, die der Entscheidung von Waterloo vorausging, wurde Heinrich Herrmann Riemann, der spätere Festredner vom 18. Oktober 1817, verwundet.

Eine Woche vor der Entscheidung von Waterloo, am 10. Juni hatten die Bevollmächtigen der deutschen Staaten in Wien die Bundesakte, die Verfassung des Deutschen Bundes, unterzeichnet. Der Artikel 13 der Bundesakte lautete: »In allen Bundesstaaten wird eine Landständische Verfassung stattfinden.« Die Deutschen Gesellschaften sammelten Unterschriften für eine Petition, in der die Fürsten gedrängt wurden, tatsächlich Verfassungen einzuführen. Führender Kopf der Adressenbewegung war der Jurist Ferdinand Karl Heinrich Beck aus Michelstadt im Odenwald. Beck reiste auch 1817 zum Wartburgfest nach Eisenach. Zahlreiche Studenten beteiligten sich aktiv an der Adressenbewegung und sammelten Unterschriften.

Am 26. September 1815 schlossen Rußland, Österreich, Preußen und weitere Staaten die Heilige Allianz. Damit war eine nationale Einigung Deutschlands unter preußischer Führung, auf die auch die Reformer in den preußischen Regierungskreisen gehofft hatten, unmöglich geworden. Gruner ließ mitteilen, daß nun für die Bestrebungen des Hoffmannschen Bundes kein Raum mehr bestehe. Am 8. Oktober löste sich der Hoffmannsche Bund auf.

III. Die ersten Burschenschaften

1814 und dann wieder 1815 kehrten die meisten der studentischen Kriegsfreiwilligen an die Universitäten zurück. Die jungen Männer hatten im Krieg viel erlebt und gesehen, ihr Horizont hatte sich geweitet, sie waren reifer und selbstbewußter geworden. Die aktivsten der Heimkehrer waren nicht bereit, die Übel des bisherigen Studentenlebens wieder hinzunehmen. Anstoß nahmen sie vor allem an drei Dingen: der Spaltung der Studentenschaft durch rivalisierende Landsmannschaften, der Hierarchie innerhalb der Studentenschaft und der bisherigen Lebensweise der meisten Studenten.

An den Universitäten bestanden Landsmannschaften, in denen sich die Studenten zusammenschlossen, die nicht aus dem Land stammten, zu dem die jeweilige Universität gehörte. Die Angehörigen dieser Landsmannschaften nannten sich Franken, Schwaben, Rheinländer, Kurländer oder ähnlich. Die Regionen, aus denen die Landsmannschaften ihre Mitglieder rekrutierten, waren abgesteckt. Sie entsprachen nicht exakt den Landschaften, nach denen sie benannt waren. Vielmehr galten diese Bezeichnungen in etwa der Himmelsrichtung, in der der jeweilige Kanton von der Universität aus gesehen lag.

Besonders seit den 1770er Jahren waren die Landsmannschaften zeitweilig durch studentische »Orden« bedrängt worden. Diese waren geheim und nach dem Vorbild der Freimaurer organisiert. Zu Beginn der 1790er Jahre sympathisierten namentlich in Tübingen, Göttingen, Erlangen und Freiburg etliche Studenten mit den Ideen der Französischen Revolution. Gegen 1800 hatten die Landsmannschaften wieder die Oberhand gegenüber den Orden gewonnen. 1814 bestanden beispielsweise in Jena die Landsmannschaften Saxonia, Frankonia, Thuringia und Vandalia. Die Mitglieder der Vandalia stammten aus Mecklenburg. Sie hatten früher dem Constantisten-Orden angehört und waren patriotisch eingestellt.

An der Spitze jeder Landsmannschaft stand ein Convent, bestehend jeweils aus dem Senior, dem Konsenior und einigen weiteren »Chargierten«. Die Landsmannschaften jeder Universität bildeten zusammen das »Corpus«. Der Ausdruck Corps wurde dann auf die einzelnen Landsmannschaften übertragen. Erstmalig geschah das 1810 in Heidelberg. Die Convente zusammen bildeten den Seniorenconvent (S. C.). Der S. C. betrachtete sich als Vertretung aller Studenten der jeweiligen Universität, auch derer, die keinem Corps angehörten. Er wachte rigide darüber, daß der »Comment« (die Regeln für die Verhaltensweisen der Studenten) strikt eingehalten wurde. Die rückkehrenden Kriegsfreiwilligen waren zum Teil zu Offizieren befördert worden. Sie hatten Verantwortung getragen und selber Befehle erteilt. Jetzt waren sie natürlich nicht bereit, sich von Senioren und Seniorenconventen herumkommandieren zu lassen.

Auch mit den hierarchischen Verhältnissen innerhalb der Studentenschaft waren die Rückkehrer nicht einverstanden. Bisher hatten die älteren Studenten (die sich selbst »ehrliche Burschen« oder »bemooste Häupter« nannten) und namentlich die Senioren und anderen »Chargierten« eine regelrechte Herrschaft über die Erstsemester ausgeübt. Diese wurden als »Füchse« oder auch »Pennäler« bezeichnet. »Fuchs« war man ein Jahr, sechs Monate, sechs Wochen, sechs Tage und sechs Stunden lang. In dieser Zeit mußten die »Füchse« sich bei den Trinkgelagen nötigen und beleidigen lassen. Sie konnten auch gezwungen werden, den »Burschen« Geld, Kleidung und Bücher zu überlassen.

Studierende, die keiner Landschaftsmannschaft angehörten, weil sie unbemittelt waren oder als ungeeignet galten, wurden »Finken« (Einsame) oder »Renoncen« (Verzichter) genannt. Die »Finken« und »Renoncen« wurden gezwungen, sich dem »Comment« zu unterwerfen und sich unter den Schutz einer Landsmannschaft zu stellen.

Besonders mißfielen den ehemaligen Kriegsfreiwilligen die bisherigen Sitten der Studenten. Ein großer Teil der Studierenden, namentlich der begüterten, hatte sich rohem Lebensgenuß verschrieben – Saufgelagen, bei denen oft zotige Lieder gesunden wurden, Völlerei, Liebesabenteuern, Glücksspielen, Raufereien mit Soldaten, Polizisten und Handwerksburschen. Die Bürger wurden als »Philister« verachtet und verhöhnt.

Die Kriegsfreiwilligen hatten Schulter an Schulter mit anderen jungen Männern aus ganz Deutschland gekämpft und so den Krieg auch als nationales Erlebnis empfunden. Sie lehnten deshalb den kleinkarierten Partikularismus der Landsmannschaften ab. Und sie hatten gemeinsam mit jungen Handwerkern und Bauern Strapazen und Entbehrungen ertragen. Ihre bisherigen Vorbehalte und ihr Hochmut gegenüber den »Philistern« waren verflogen. Seitdem sie den Krieg mit seinen Schrecken erlebt hatten, erschienen ihnen die studentischen Duelle läppisch.

Im Freikorps Lützow hatten die Freiwilligen Jahn und Friesen kennengelernt, die schon seit 1811 verlangten, die Trennung der Studenten in Landsmannschaften und die Spaltung in »Burschen« und »Füchse« zu beseitigen. Die Rückkehrer strebten nun ein ernsthaftes Studium an, forderten Respekt gegenüber »Philistern« und Frauen und hatten zu neuer Religiosität gefunden. Sie standen damit in einer jahrzehntelangen

Tradition studentischer Reformbewegungen. Das Standbild des Burschenschafters vor dem Hauptgebäude der Jenaer Universität, 1883 von Adolf Donndorf geschaffen, läßt einiges von dem Sendungsbewußtsein und Ethos der damaligen jungen Akademiker ahnen.

1814/15 entstanden nun an verschiedenen Universitäten anstelle der Landsmannschaften »Burschenschaften«. Um 1800 bezeichneten sich die Studenten selbst als »Burschen«, und die Studentenschaft einer Universität galt als Burschenschaft. In der »Ordnung und Einrichtung von Burschenschaften« von Jahn und Friesen hatte der Begriff »Burschenschaften« eine unitarische und patriotische Bedeutung gegenüber dem Partikularismus der Landsmannschaften erhalten. Eine Übergangsform zur Burschenschaft stellte die »Teutonia« dar, die am 1. November 1814 in Halle gegründet wurde. Schwerpunkte der Burschenschaft wurden dann 1815 Gießen, Heidelberg und vor allem Jena.

Durchaus kein Zufall war es, daß sich die Burschenschaft gerade in Jena so stark entwickelte. Jena gehörte zum Großherzogtum Sachsen-

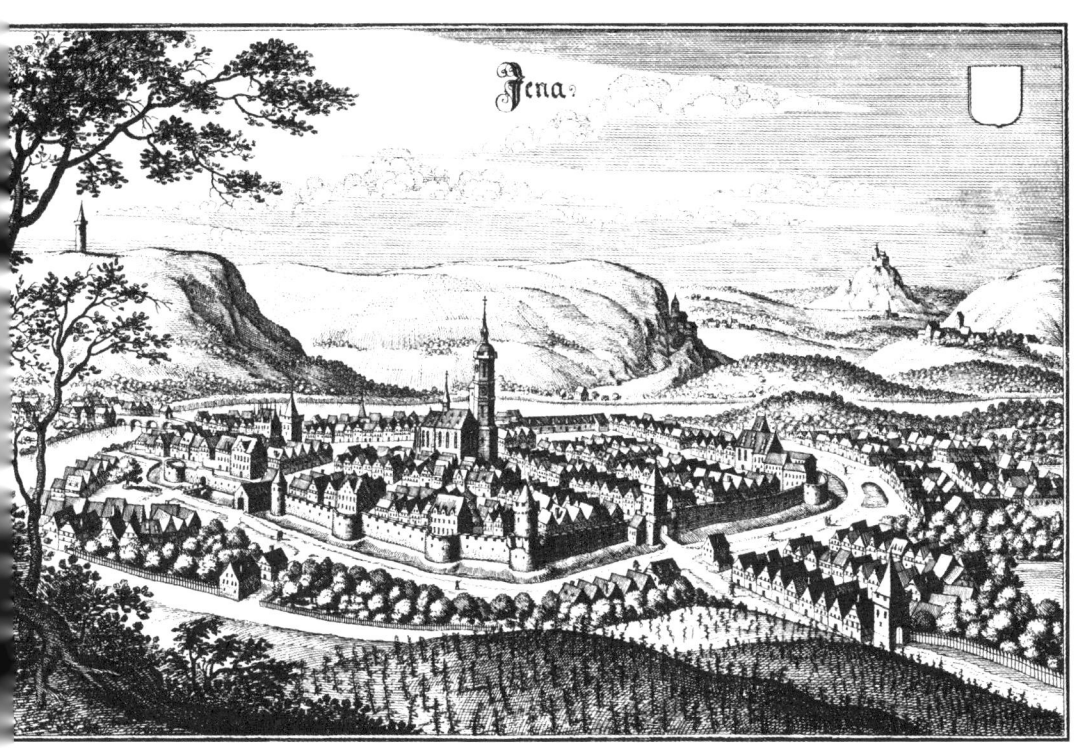

Jena, Stich von Merian, um 1650

Weimar-Eisenach, das damals so etwas wie ein liberaler Musterstaat war. Es galt als das Land Goethes, Schillers, Herders und Wielands, hatte 1816 eine Verfassung erhalten und war, nach damaligen Maßstäben, ein Eldorado der freien Presse. In Jena erschienen die Zeitschriften »Isis« und »Nemesis«, die gegen die beginnende Restaurationspolitik Front machten und »Despotismus« und »Aristokratismus« anprangerten. Der in Preußen verbotene »Rheinische Merkur« zog von Koblenz nach Jena um.

Vor allem aber: an der Jenaer Universität wirkten die liberal und patriotisch gesinnten Professoren Kieser, Luden und Oken. 1816 kam Fries hinzu. Diese Ordinarien pflegten engen Kontakt zu den aktivsten der Studenten und förderten deren Politisierung. Der Einfluß dieser »politischen Professoren« war bei der Entstehung der Jenaer Burschenschaft von entscheidender Bedeutung.

Diese vier Professoren standen in Verbindung mit dem Hoffmannschen Bund und der Adressenbewegung, vor allem aber mit Jahn und dessen Turnbewegung. Ostern 1816 schickte Jahn seine Schüler Maßmann und Dürre nach Jena. Die politisch aktiven Studenten waren auch eifrige Turner. Jahn hat für sie die Bezeichnung »Burschenturner« geprägt.

Den stärksten Einfluß auf die Studierenden besaß Luden. Über seine Vorlesungen sollte sein Schüler Ernst Förster später schreiben: »Wäre doch einer von den Machthabern Augen- und Ohrenzeuge der Begeisterung gewesen, mit welcher wir uns zu Ludens Vorträgen über die Befreiungskriege drängten! Der größte Hörsaal in Jena war nicht groß genug, alle Hörer zu fassen; gegen den Hofraum, an die offenen Fenster waren Leitern gelegt, auf denen eifrige Hörer in unbequemster Stellung stundenlang aushielten. Bisweilen unterbrach Luden seinen feinen, schönen Vortrag mit einer patriotischen Ansprache. [...] Oft schlossen wir in gehobener Stimmung die Vorlesung mit Gesang eines Liedes von Körner oder Arndt«.

Luden war der Herausgeber der »Nemesis«. Im Herbst 1814 erinnerte er in seiner Zeitschrift daran, daß die Fürsten mit der Hilfe des Volkes über

Titelblatt

Titelblatt

Napoleon gesiegt hatten und prangerte ihr Bestreben an, nach dem Sieg die alten Machtverhältnisse wiederherzustellen. Nach 1815 mahnte er in einer Vorlesung über englische Geschichte: »Meine Herren, glauben Sie mir, die Völker bekommen keine Rechte, die sie sich nicht nehmen«.

Kieser hatte 1814 als Truppenarzt des Weimarischen reitenden Freikorps den Feldzug in Frankreich mitgemacht und später die preußischen Lazarette in Lüttich und Versailles geleitet. Er stand deshalb bei den Studenten in hohem Ansehen.

Oken gab die Zeitschrift »Isis« heraus. Er sollte sich nach dem Wartburgfest als der standhafteste der Jenaer politischen Professoren, als der eigentliche »Wartburgheld« erweisen.

Fries galt als menschenscheu, war aber bei den Studenten sehr beliebt. Oft wurde seine Herzensgüte gerühmt. Auf der Wartburg sollte er dann den Studenten zurufen: »Kehret wieder zu den Eurigen und sagt! Ihr waret im Lande deutscher Volksfreyheit, deutscher Gedankenfreyheit! Hier wirken entfesselnd Volks- und Fürstenwille! Hier ist die Rede frey über jede öffentliche Angelegenheit! Hier erkennen Fürst und Volk Volkssache und Regierungssache als öffentliche Angelegenheit an! Hier sorgen Fürst und Volk, daß deutsches Gesetz und Recht besser geordnet werde! Hier lasten keine stehenden Truppen! Ein kleines Land zeigt euch die Ziele! Aber alle deutschen Fürsten haben dasselbe Wort gegeben.« Der Einfluß von Fries auf die Studenten übertraf schließlich den Ludens.

Bereits in seiner Heidelberger Zeit (1805–1816) wirkte Fries in der nationalen Bewegung. Er war ein Liberaler, aber auch ein Deutschtümler und ein Judengegner. Zwar befürwortete Fries die Judenemanzipation, forderte aber, daß die Juden zuvor ihre Religion, ihre Traditionen und ihre Sitten aufgeben und sich in die »deutsche Gesellschaft« assimilieren sollten. In einer Buchrezension schrieb er im Jahre 1816: »Nicht den

III. Die ersten Burschenschaften

Juden, unsern Brüdern, sondern der Judenschaft erklären wir den Krieg. […] Die bürgerliche Lage der Juden verbessern heißt eben das Judenthum ausrotten…«

Auch nach der Absetzung Napoleons im April 1814 schien für Deutschland die Kriegsgefahr nicht völlig abgewendet zu sein. Auf Initiative ehemaliger Lützower beschloß deshalb im Frühsommer des Jahres 1814 eine allgemeine Versammlung der Jenaer Studenten, eine »Wehrschaft« zu bilden. Man wählte den Senior der »Vandalia« Wilhelm Kaffenberger zum »Oberanführer« und den Senior der »Thuringia« Scheidler zu dessen »Adjutanten«. Den Landsmannschaften gehörten zahlreiche ehemalige Kriegsteilnehmer an (von den »Vandalen« war nur ein einziger kein Kriegsfreiwilliger gewesen), und so führten die Studenten schon sehr bald regelrechte militärische Übungen durch. Dabei kamen die Mitglieder der verschiedenen Landsmannschaften und die nichtkorporierten Studenten in engen Kontakt. Alle Mitglieder der »Wehrschaft«, von den gewählten Offizieren abgesehen, waren einander gleichgestellt.

Die »Wehrschaft« war gewissermaßen ein Schritt hin zur Burschenschaft. Im Februar 1815 verständigten sich nämlich Kaffenberger, Scheidler und Riemann sowie Johann Karl Heinrichs, sechs weitere »Vandalen« und ein »Thüringer« darauf, eine Burschenschaft zu gründen, der alle Jenaer Studenten angehören sollten. In Jena war es den studentischen Reformern gelungen, in den Landsmannschaften die Oberhand zu gewinnen und Kurs auf deren Auflösung zu nehmen. Von den elf Aktivisten waren mindestens acht Lützower Freiwillige Jäger gewesen. Kaffenberger und Heinrichs berieten sich mit Kieser, Luden und Oken und entwarfen für die Burschenschaft eine Verfassung.

Es folgten zähe Verhandlungen mit den Conventen der »Thuringia«, »Frankonia« und »Saxonia«. Gegen die Stimmen der »Saxonia« beschloß der Senioren-Convent schließlich am 28. Mai 1815, die Landsmannschaften aufzulösen.

Wer in Jena die Camsdorfer Saalebrücke in östlicher Richtung überquert, erblickt linker Hand, an der Ecke Wenigenjenaer Ufer/Karl-Liebknecht-Straße ein gelb getünchtes zweistöckiges Gebäude mit Mansardendach. Es ist die »Grüne Tanne«. Das Gebäude wurde Mitte des 18. Jahrhunderts als Gasthof errichtet. Eine Gaststätte mit Biergarten gibt es im Erdgeschoss auch heute noch. In den Jahren 1817 und 1818 hielt Goethe sich mehrfach in der »Grünen Tanne« auf. Zu Beginn der 1990er Jahre ist das Gebäude, das sich in einem sehr schlechten Zustand befand, bis auf das Erdgeschoß abgebrochen und neu aufgebaut worden. Seitdem ist es Sitz

Der Gasthof zur Tanne bei Jena, 1865

der Burschenschaft »Arminia auf dem Burgkeller«. Berühmt geworden ist das Gebäude durch die Gründung der Jenaer Burschenschaft am 12. Juni 1815.

An diesem Tag versammelten sich Mitglieder der bisherigen Landmannschaften, deren »Renoncen« und ein Teil der »Finken«, insgesamt 143 Studenten, auf dem Marktplatz und zogen mit der Stadtmusik zur »Grünen Tanne« (die damals noch einfach »Tanne« hieß). Dort nahmen sie die Verfassung an und vereinigten sich zur »Jenaischen Burschenschaft«. In demokratischer Wahl bestimmten sie ein Vorsteherkollegium und einen kontrollierenden Ausschuß (wobei die anwesenden »Füchse« nicht mit abstimmen durften). Die Mitgliederzahl der Burschenschaft stieg rasch auf 300, und im Herbst des Jahres schlossen sich auch die Mitglieder der »Saxonia« an. Im März 1816 übernahm die Jenaische Burschenschaft von der Hallenser »Teutonia« den Wahlspruch »Ehre, Freiheit, Vaterland«.

Die »Jenaische Burschenschaft« wurde später oft als »Urburschenschaft« bezeichnet. Als ihre eigentlichen Gründer gelten Karl Horn, Senior der »Vandalia«, Riemann und Scheidler. Im Sockel des Burschenschaftsdenkmals, das heute vor dem Hauptgebäude der Jenaer Universität am Fürstengraben steht, sind ihnen Bronzemedaillons gewidmet. Riemann war allerdings am 12. Juni 1815 nicht anwesend, weil er am Feldzug gegen Napoleon teilnahm.

Zwei Tage vor der Gründung der Jenaer Burschenschaft hatte ein Ereignis die Studenten und die auf ihrer Seite stehenden Professoren zutiefst beunruhigt und enttäuscht: Die Vertreter der deutschen Fürstentümer und Freien Städte unterzeichneten in Wien die sogenannte Bundesakte. Anstelle des gemeinsamen deutschen Staates, auf den die Hoffnung der jungen Akademiker gerichtet war, bildete man den Deutschen Bund – einen lockeren Staatenbund ohne nationale Institutionen. Der Deutsche Bund sollte nach dem Willen seiner Initiatoren nicht etwa die Vorstufe für einen einheitlichen deutschen Staat sein, sondern – im Gegenteil – die Souveränität der deutschen Fürstentümer garantieren.

Siegel der Urburschenschaft

Mehr und mehr erkannte man, daß in den deutschen Staaten die Reformen der Jahre 1807 bis 1812 nicht etwa zügig fortgeführt, sondern vielmehr verzögert, ja blockiert wurden. Reaktionäre wollten jene Zustände restaurieren, die in Europa vor der Französischen Revolution bestanden hatten. In Preußen, wo die Reformpartei mit Karl August von Hardenberg gar den Staatskanzler stellte, gewann eine Clique hochkonservativer Eiferer immer mehr Einfluß auf den König. Angesichts dieser Tendenzen wuchs unter den Studenten die Entschlossenheit, selber politisch tätig zu werden und der Reaktion nicht kampflos das Feld zu überlassen.

Am 12. September 1817 sollte Kieser dann in einem Brief an Karl Hoffmann seine Enttäuschung über die Zustände in Deutschland und seine Hoffnung auf die studentische Jugend zum Ausdruck bringen: »Ich schicke Dir, mein theurer Freund, hier ein paar wackere Jungen, stud. theol. Loholm aus Mecklenburg mit dem eisernen Kreuz, und stud. jur. Asverus aus Jena. Ersterer mein alter Kriegsgefährte, beyde wie ich mir nur eine Schaar von 30.000 wünschen möchte, um aller Schlechtigkeit in Deutschland ein Ende zu machen [...]. Unser kleines unbedeutendes Land ist glücklich, daß es klein ist und einen bei allen Gelegenheiten sich wacker aussprechenden Fürsten hat. – Rechts und links neben uns gehts bunt, und man sollte fast den Teufel aus seiner Verbannung wieder herbeiwünschen, [gemeint war Napoleon] um den Teufel durch den Teufel zu vertreiben. – Ich denke fleißig an Amerika, suche, unter uns gesagt, mir Korrespondenz nach dem Lande der aufblühenden Freiheit zu verschaffen, und bin in einem halben Jahr vielleicht drüben.«

Nach dem Abschluß des zweiten Pariser Friedens im November 1815 feierten die Universität, die Burschenschaft, der Landsturm und die Bürger Jenas am 19. Januar 1816 ein Friedensfest. Dabei pflanzte man auf dem Brandplatz eine »Friedens- und Freiheitseiche«.

Der Brandplatz war im Jahre 1811 angelegt worden. In der Nacht vom 13. zum 14. Oktober 1806 war bei Plünderungen durch französische Soldaten in der Johannisstraße ein Brand ausgebrochen, der auf zwei weitere Straßen übergriff. 19 Häuser sanken in Schutt und Asche. Die abgebrannten Häuser wurden nicht wieder aufgebaut.

Der Aufzug von Burschenschaft und Landwehr am 19. Januar bewog Jenaer Frauen und Mädchen, für die Burschenschaft eine Fahne anzufertigen. 1816, bei einer Feier zum zweiten Jahrestag der Einnahme von Paris überreichten sie die Fahne den Studenten.

Die Fahne besteht aus drei Streifen von doppeltem Atlas in den Farben Rot-Schwarz-Rot. Sie ist von goldenen Fransen gesäumt. Auf beiden Seiten ist

Fahne der Urburschenschaft

schräg über die Mitte ein goldener Eichenzweig gestickt. Auf dem unteren roten Streifen steht die Widmung: »Von den Frauen und Jungfrauen zu Jena am 31. März 1816«.

Der »Fähnrich« Graf Keller trug diese Fahne dann am 18. Oktober 1817 dem Zug der Studenten zur Wartburg voran. Am 18. und 19. Oktober wehte sie über der Burg. Heute befindet sie sich als Eigentum der Burschenschaft »Arminia auf dem Burgkeller« in Dauerleihgabe im Jenaer Stadtmuseum. Auf diese Jenaer »Urfahne« geht die deutsche Nationalflagge zurück.

1816 bildeten sich innerhalb der Jenaischen Burschenschaft zwei Lager heraus. Die »Altdeutschen«, zu denen Riemann, Wesselhoeft, Scheidler,

Rödiger, Maaßmann und Dürre gehörten, waren allesamt Turner und setzten sich weiterhin für eine Verbesserung der studentischen Sitten ein. Die »Lichtenhainer« hingegen, die sich im Nachbardorf Lichtenhain in ihrem Stammlokal trafen, hatten mit dem Turnen wenig im Sinn und hielten an den hergebrachten studentischen Gewohnheiten fest. Böse Zungen bescheinigten ihnen einen Hang zu »oft viehischer Sauflust«. Die »Altdeutschen«, so namentlich Riemann, bemühten sich um die Integration der »Lichtenhainer«.

Auch in Gießen, Heidelberg, Marburg und Erlangen entstanden Burschenschaften. Wie in Jena spielten dabei liberale Professoren und außerhalb der Universitäten wirkende Akademiker eine maßgebliche Rolle. Im November 1814 gründeten in Gießen Karl und August Adolf Follen eine »Teutsche Lesegesellschaft zur Erreichung vaterländischer Zwecke«. Die Brüder Follen hatten im Befreiungskrieg zusammen mit Friedrich Gottlieb Welcker im hessischen Jägerkorps gedient, waren aber nicht zum Kampfeinsatz gekommen. In der Lesegesellschaft las man Schriften von Arndt und Körner. Im Januar 1815 spaltete sich die Lesegesellschaft. Von Juni bis September 1815 bestand dann der »Germanenorden«. Diese Verbindung wurde von den führenden Persönlichkeiten der »Deutschen Gesellschaften« Welcker, Weidig, Wilhelm Snell und Karl Hoffmann gefördert. Die »Germanen« lehnten eine frivole Lebensweise ab und forderten Zurückhaltung gegenüber Frauen. Weil sie die »altdeutsche« Tracht trugen, nannte man sie »Schwarze«, wegen ihrer politischen und religiösen Rigorosität auch »Unbedingte«.

Dominierende Gestalt der »Schwarzen« war Karl Follen. Unter seiner Federführung entstand der »Ehrenspiegel«, 1818 dann die »Grundsätze für eine künftige Reichsverfassung«. Die »Grundsätze« waren ein revolutionäres Programm für die Errichtung einer unitarischen deutschen Republik. Im Sommer 1818 lösten die Brüder Follen Debatten über den »Grundsatz« aus, wo es sittlich notwendig sei, seien den Überzeugten alle Mittel erlaubt. Karl Follen erklärte gar: »Es ist am Ende bloße Feigheit, wenn wir von rechtmäßigen Mitteln zur Erlangung der Volksfreiheit reden wollen, weil ja niemand ein Recht haben kann, sie vorzuenthalten; wir müssen sie erlangen durch jedes Mittel, welches nur immer sich uns bietet, Aufruhr, Tyrannenmord und alles, was man im gewöhnlichen Leben als Verbrechen bezeichnet und mit Recht bestraft.«

Karl Follen

1818 mußte Karl Follen Gießen verlassen. Er siedelte nach Jena über, wo Fries ihm eine juristische Privatdozentur verschaffte.

In Heidelberg wurde die Formierung einer Burschenschaft immer wieder von der Universitätsleitung behindert. Im November 1814 beantragten studentische Aktivisten, darunter Ludwig von Mühlenfels, Heinrich Karl Hofmann und Ernst Heinrich Löning als »Deutsche Lesegesellschaft« zugelassen zu werden. Die Genehmigung wurde ihnen verweigert, doch sie wirkten als »Deutscher Verein« weiter. Im Mai 1815 stieß August Follen zu ihnen. Die Mitglieder dieses studentischen Kreises wurden wegen ihrer »altdeutschen« Kleidung »Teutonen« oder auch »Schwarze« genannt.

Im Wintersemester 1815/16 hörten die »Schwarzen« gemeinsam eine Vorlesung von Fries zu Fragen des Staatsrechts. In dieser Zeit rezensierte Fries zustimmend eine judenfeindliche Schrift von Friedrich Rühs. Als er 1816 nach Jena wechselte, folgten ihm einige seiner Schüler, darunter Georg Ludwig Rödiger.

Im Herbst 1816 kam Friedrich Wilhelm Carové nach Heidelberg. Er gewann bei den Bestrebungen, eine Burschenschaft zu bilden, eine führende Rolle. Unter seiner Leitung wurde der »Burschenbrauch der Allgemeinen Burschenschaft zu Heidelberg« entworfen und diskutiert. Im Februar 1817 stimmte eine Versammlung von 170 Studenten dem »Burschenbrauch« zu. Der Senat der Universität verweigerte der Burschenschaft,

Friedrich Wilhelm Carové

der sich die Hälfte der Studierenden angeschlossen hatte, die Genehmigung, die Regierung ordnete ihre Auflösung an. Die Burschenschaft existierte jedoch weiter. Sie lehnte Duelle generell ab und war für alle Studierenden offen. Innerhalb der Burschenschaft bestand der Freundeskreis der »Schwarzen« fort. Sie argwöhnten, Carové sei »undeutsch« eingestellt. Dieser sollte dann am 19. Oktober 1817 die fundierteste und wichtigste aller Reden des Wartburgfestes halten.

In Tübingen entstand im November 1814 ein »Teutonischer Verein«, im Dezember 1816 ein »Allgemeiner Tübinger Burschenverein Arminia«. Der Name »Arminia« bezog sich auf Arminius (Hermann) der Cherusker, der in der Schlacht im Teutoburger Wald die Römer besiegt hatte. Die oppositionellen politischen Auffassungen im Burschenverein waren von den Ideen der Dichter Gustav Schwab und Ludwig Uhland beeinflußt.

In Erlangen bildete sich im August 1816 eine »Christlich-deutsche Bruderschaft«, die zusätzlich den Namen »Teutonia« annahm. Zweimal wurde Carl Ludwig Sand, der spätere Attentäter, zu ihrem Vorsteher gewählt. Ihr sittlicher Rigorismus und ihre überzogene Religiosität bewirkten, daß die Mitglieder der Bruderschaft (es waren nur etwa 25) isoliert blieben.

IV. Der Weg nach Eisenach

Die Idee zum Wartburgfest kam aus der Umgebung Jahns. Dessen Schüler und Freund Christian Eduard Leopold Dürre, seit dem Frühjahr 1816 in Jena, hat später erklärt, er habe zu Pfingsten 1817 als erster den Gedanken geäußert, ein gesamtdeutsches Studententreffen zu organisieren. Hans Ferdinand Maßmann, der mit Dürre nach Jena gekommen war, hat berichtet: die Idee zum Wartburgfest sei bereits im Herbst 1816 entstanden, als er sich mit dem Studenten Karl Pfaffenberger-Hoffmann, dem Stiefsohn Karl Hoffmanns, unterhielt. Es ist auch gut möglich, daß die Idee von Jahn selbst kam.

Nachdem die Idee in der Welt war, beriet der Vorstand der Jenaischen Burschenschaft sich mit den ihm nahestehenden liberalen Professoren Fries, Kieser, Luden, Oken und Schweitzer. Für die Wartburg entschied man sich, weil Martin Luther hier gewirkt hatte und weil das in der Mitte Deutschlands liegende Eisenach von den Studenten der verschiedenen Universitäten gut zu erreichen war.

Zu Pfingsten, am 25. Mai 1817, trafen sich dann in Naumburg Vertreter der Jenaischen Burschenschaft und der »Teutonia zu Halle«. Sie beschlossen, zum Reformationsjubiläum die Studenten der deutschen Universitäten für den 31. Oktober zu einem Treffen auf der Wartburg einzuladen. Hauptzweck des Treffens sollte sein, eine »engere Verbindung« der Studierenden herzustellen.

Bei einem weiteren Treffen der Vorstände von Jenaischer Burschenschaft und Teutonia entschied man sich, das Treffen nicht am 31. Oktober, sondern bereits am 18. abzuhalten. Zwischen dem 25. Mai und dem 5. August hatten die Jenaer Aktivisten nämlich mit dem Oberpfarrer der Eisenacher Georgenkirche, Johann August Nebe, Gespräche geführt. Dabei hatten sie erfahren, daß das Eisenacher Konsistorium (die landesherrliche Oberkirchenbehörde) am 31. Oktober auf der Wartburg den 300. Jahrestag von Luthers Thesenanschlag feiern wollte. Die Wartburg würde also an diesem Tage besetzt sein. Gleichfalls hatten die Jenaer erfahren, daß der Eisenacher Stadtrat für den 18. Oktober – also ganz im Sinne Arndts – eine Feier zum dritten Jahrestag der Völkerschlacht plante. Bei ihrem Aufenthalt in Eisenach verständigten die Jenaer sich mit dem Wirt des Gasthofs »Zum Rautenkranz« darauf, in seinem Hause ein Empfangsbüro einzurichten.

Am 11. August verschickte der Jurastudent Robert Wesselhoeft, der im Vorstand der Jenaischen Burschenschaft für die Korrespondenz mit auswärtigen Verbindungen zuständig war, Einladungen zum Wartburgfest. Er schrieb Burschenschaften und Landsmannschaften an. Da im Mittelpunkt des Festes das Jubiläum der lutherischen Reformation stehen sollte, ergingen nur an jene Universitäten, an denen in erster Linie Protestanten studierten, Einladungen: an Berlin, Breslau, Erlangen, Gießen, Göttingen, Greifswald, Heidelberg, Kiel, Königsberg, Leipzig, Marburg, Rostock und Tübingen. Die Hochschulen Süddeutschlands und Österreichs, an denen vorwiegend Katholiken studierten, wurden nicht eingeladen. Aus diesem Grunde erschienen beim Wartburgfest nur acht bis vierzehn katholische Studenten. Einer war jener Redner Carové aus Heidelberg.

Bereits aus der Einladung ging hervor, daß es den Initiatoren des Wartburgfestes nicht nur um die Würdigung Luthers und der Völkerschlacht, sondern auch und vor allem um die Zusammenführung der bereits bestehenden Burschenschaften und ihre Ausdehnung auf alle deutschen Universitäten ging.

In Göttingen wurde die Universitätsleitung auf die Einladung Wesselhoeft aufmerksam und informierte die Regierung in Hannover – und die warnte am 6. September die Regierung in Weimar: mit dem geplanten Treffen der Studenten würden »politische Zwecke« verfolgt, »die den bestehenden Regierungen schädlich zu werden drohen«.

Die Regierung in Weimar zeigte sich jedoch von den »argwöhnischen Äußerungen« aus Hannover unbeeindruckt. Der Landesherr, Großherzog Carl August, war gerade nicht anwesend. Seine Minister Christian Gottlob von Voigt, Karl Wilhelm Freiherr von Fritsch und Ernst Christian August Freiherr von Gersdorff setzten einen schriftlichen »Vortrag« auf, in dem sie zu dem geplanten Treffen eine wohlwollende Haltung einnahmen. Sie empfahlen, die Behörden in Eisenach anzuweisen, die jungen Leute unterzubringen, ihnen die Wartburg zu öffnen und Holz für die Siegesfeuer zur Verfügung zu stellen. Das Resümee der Minister lautete: »Eine liberale

Karl Wilhelm Freiherr von Fritsch

Christian Gottlob von Voigt

Ernst Christian August Freiherr von Gersdorff

Behandlung der versammelten Studierenden aus mehreren deutschen Universitäten kann leicht für die Frequenz der Akademie in Jena von günstiger Folge sein, doch würde dieses die Wachsamkeit auf Exzesse jeder Art nicht ausschließen, wobei der Landsturm [...] nützlich sein dürfte.« Carl August folgte den Vorschlägen seiner Berater und instruierte am 20. September die Eisenacher Behörden entsprechend.

Als in Eisenach bekannt wurde, daß hunderte von Studenten in die Stadt kommen würden, kam bei den meisten der Bürger keine Freude auf. Eisenach war keine Universitätsstadt. Beim Semesterwechsel aber zogen häufig kleine Gruppen von Studenten durch die Stadt. Die Bürger erinnerten sich voller Besorgnis daran, daß die Studiosi ihnen arrogant gegenübergetreten waren, nachts gelärmt und mit Stadtsoldaten und Handwerksgesellen gerauft hatten. In den Oktobertagen, so sei vorgreifend vermerkt, wurden die besorgten Bürger dann sehr angenehm überrascht. Es kamen nicht die geringsten studentischen Exzesse vor, und zwischen Studenten und Bürgern herrschte das beste Einvernehmen.

Großherzog Carl August

Erst am 21. September richteten Dürre, Scheidler und Wesselhoeft an den Prorektor der Jenaer Universität eine Eingabe, in der sie darlegten, wie das Fest auf der Wartburg verlaufen sollte. Die Jenaische Burschenschaft wählte einen vorläufigen Festausschuß, dem Dürre, Riemann, Siewerßen, Scheidler und Wesselhoeft angehörten. Scheidler, der in Gotha wohnte, kam am 12. Oktober nach Eisenach und verständigte sich mit der Landesdirektion und dem Stadtrat darüber, daß die eintreffenden Studenten bei den Bürgern einquartiert werden sollten.

An den Eisenacher Stadttoren wurde angeschlagen, daß jeder ankommende Student sich zum Gasthof »Zum Rautenkranz« begeben solle. Dort hatte jeder zu den Kosten des Festes 3 Gulden 50 Kreuzer oder 5½ Zwanziger zu entrichten. Vier Zwanziger waren für das Mittagessen am 18. Oktober bestimmt, einer für die Musik, ein halber für eine Fackel. Jeder Student erhielt eine Quartierkarte und eine Einlaßkarte für die Wartburg. Auch sollte jeder Student drei Kommilitonen von seiner Universität benennen, die dem Festausschuß angehören sollten.

Die Initiatoren des Festes wußten, daß etliche Studenten bereits Duelle vereinbart hatten. Scheidler, Riemann und Siewerßen beschlossen deshalb am 16. Oktober, die Teilnehmer des Treffens sollten sich nach dem Vorbild der Olympischen Spiele verpflichten, keine Waffen zu gebrauchen und Streitigkeiten zu vermeiden. Sie ließen sich dies am Morgen des 17. Oktober von den bereits eingetroffenen Studenten bestätigen. Alle Studierenden mußten nun durch Unterschrift dem »Festfrieden« zustimmen. Diese Unterschriftsliste enthält 468 Namen. Es haben aber mehr Studenten am Fest teilgenommen. Es kamen nämlich auch am 18. und 19. Oktober noch Studenten an, die sich nicht in die Liste eingetragen haben. Aus Greifswald, Königsberg und Breslau reisten keine Studenten an. Die Greifswalder hatten die Einladung gar nicht erhalten.

Am Abend des 17. Oktober trat der studentische Festausschuß zusammen. Ihm gehörten je drei Vertreter der Universitäten an, welche von ihren Kommilitonen die meisten Stimmen erhalten hatten. Für Jena waren das Riemann, Siewerßen und Scheidler, für Heidelberg unter anderem Carové, für Erlangen unter anderem Sand, für Kiel unter anderem Binzer. Der Ausschuß wählte Scheidler zum Vorsitzenden und für die Morgenfeier am 18. zum »Burgvogt«.

Der Festausschuß beschloß am 17. Oktober eine »Ordnung des Festes auf der Wartburg am 18. Oct. 1817«. Eine Bücherverbrennung, die dann so großes Aufsehen erregen sollte, war darin nicht vorgesehen. Der Festausschuß ließ die »Ordnung …« drucken. Am Abend des 17. Oktober wurde sie in der Stadt verteilt und angeschlagen.

Die Jenaer Initiatoren hatten für das Fest ein Liederbuch drucken lassen. Der Festgesang des Studenten Adolph Friedrich Förster war nicht in dem Liederbuch enthalten, wurde aber zum »Hauptlied« des Treffens. Im Liederbuch standen Lieder von Arndt und Körner, in denen die »Welschen« als Feinde benannt wurden. Försters Festgesang »Die Burschenfahrt nach der Wartburg am 18. Oktober 1817« richtete sich gegen die »schuft'gen Schmalzgesellen« – jene reaktionären Kreise, die sich fortschrittlichen Reformen und einer nationalen Einigung widersetzten.

V. Das Phantom der »Wartburgverschwörung«

Eine gewaltlose Demonstration von einigen hundert Menschen macht heutzutage kaum noch überregional Eindruck. Seine politischen Ziele öffentlich zu vertreten, ist in demokratisch regierten Staaten ein selbstverständliches Recht. Dort aber, wo politische Aktionen aller Art der staatlichen Autorität vorbehalten sind, können auch kleine »private« Demonstrationen gewaltiges Aufsehen erregen. Die Resonanz auf das Wartburgfest war gewaltig. Dieses Treffen ist innerhalb der politischen Geschichte Deutschlands eine gewichtige Zäsur. Es war, so der Verfassungshistoriker Ernst Rudolf Huber, »die erste Manifestation des nationaldemokratischen Prinzips in Deutschland«.

Die Nachricht vom Wartburgfest wurde in studentischen Kreisen und unter jungen bürgerlichen Intellektuellen mit Begeisterung aufgenommen. Auch in großen Teilen der mittleren und unteren Beamtenschaft gab es Zustimmung.

Der Dichterfürst Goethe stand dem studentischen Aufbruch positiv gegenüber. Daß man auf dem Wartenberg eine Schrift Kotzebues symbolisch verbrannt hatte, gefiel ihm sehr. Der Vielschreiber hatte etliche der Goetheschen Werke verrissen. Er war als Theaterdichter weitaus erfolgreicher als Goethe, und der neidete ihm das. So schrieb er denn mit sichtlicher Schadenfreude: »St. Peter hat es dir aber gedacht, / Daß du ihn hättest gern klein gemacht: / Hat dir einen bösen Geist geschickt, / Der dir den heimischen Sinn verrückt, / Daß du dein eigenes Volk gescholten. / Die Jugend hat es dir vergolten: / Aller End' her kamen sie zusammen, / Dich haufenweise zu verdammen, / St. Peter freut sich dieser Flammen.«

Am 16. Dezember sprach Goethe mit dem österreichischen Diplomaten Stephan Graf von Zichy-Vásonykeö. Er suchte dabei den Argwohn der Wiener Regierenden gegenüber den studentischen Aktivisten zu zerstreu-

Isis, XI u. XII, 195. Stück, 1817, mit den verbrannten Gegenständen

IV. Der Weg nach Eisenach 45

en. Er tat das, wie er gegenüber der Jenaer Buchhändlerfamilie Frommann berichtete, »damit man nur seinen lieben jungen Leuten nichts täte, seinen lieben Brauseköpfen«. Goethe las den gedruckten Text der Rede, die Ludwig Rödiger auf dem Wartenberg gehalten hatte und war sehr beeindruckt. Rödiger suchte ihn im Dezember auf, und Goethe sagte später zu den Frommanns: er habe bei der Begegnung sehr an sich halten müssen, um dem »lieben Jungen« nicht »um den Hals zu fallen und ihn tüchtig zu küssen«.

Am 10. Dezember schrieb der Freiherr vom Stein, der kein Amt mehr innehatte, aber noch immer ein enormes Ansehen besaß, an den Weimarer Staatsminister Freiherr von Gersdorff über das Wartburgfest: »Ich stimme darin mit Ew. Exz. vollkommen überein, daß kein Grund war, die Versammlung der jungen Leute zu verhindern; sie hatte einen guten und edlen Zweck: vaterländische Gesinnungen zu beleben und zu erhalten, dem läppischen Wesen der Landsmannschaften abzuhelfen [...]«. Wie auch Goethe rügte Stein aber das Verhalten von Oken und Fries während des Festes.

Johann Wolfgang von Goethe, 1817

Der »Hauptgrund der Gärung in Deutschland«, so fuhr er fort, sei »in dem Betragen unserer Fürsten und Regierungen zu suchen. Sie sind die wahren Jakobiner, sie lassen den rechtlosen Zustand, in dem wir seit 1806 leben, fortdauern und reizen und erhalten Unwillen und Erbitterung, sie stören die Entwicklung und Fortschritte des menschlichen Geistes und Charakters, und sie bereiten den Anarchisten den Weg zum allgemeinen Untergang.«

Unterdessen hatten die deutschen Fürsten und Regierungen längst damit begonnen, das Phantom einer angeblichen »Wartburgverschwörung« an die Wand zu malen. Bereits in dem Schreiben der hannoverschen Regierung vom 6. September 1817 war ja behauptet worden, das geplante Treffen auf der Wartburg beziehe sich auf den »unter dem Namen Teutonia vorhandenen geheimen Verein«, der »unter der Leitung unbekannter Obern politische Zwecke zu verfolgen« scheine.

Nach dem Fest betrachtete der bayerische König Maximilian I. die Wartburgaffäre »als der Souveränität der Fürsten sehr gefährlich«. Sein Gesandter in Dresden berichtete am 3. November, Fries sei »ein schwärmerischer höchst gefährlicher Mensch«. Und der französische

Geschäftsträger beim Bundestag in Frankfurt am Main, Graf Charles Frédéric Reinhard, erklärte am 18. November: die Situation in Deutschland entspreche der Situation in Frankreich im Jahre 1788, am unmittelbaren Vorabend der Revolution.

Der Berliner Polizeidirektor Kamptz, dessen »Codex der Gendarmerie« auf dem Wartenberg symbolisch verbrannt worden war, richtete an den Großherzog Carl August am 9. November ein Schreiben. Darin heißt es: »E. K. H. ist es ohne Zweifel bereits bekannt, daß ein Haufen verwilderter Professoren und verführter Studenten am 18ten v. M. auf der Wartburg mehrere Schriften öffentlich verbrannt und dadurch das Geständnis abgelegt haben, daß sie zu ihrer Widerlegung unfähig. Wenn in E. K. H. Staaten wahre Denk- und Preßfreiheit wirklich blüht, so ist mit derselben eine durch Feuer und Mistgabeln, von Schwärmern und Unmündigen geübte Zensur und ein terroristisches Verfahren gegen die Denk- und Preßfreiheit in anderen Staaten gewiß nicht vereinbarlich [...]«.

Das Schreiben, dem Kamptz am 27. November ein weiteres folgen ließ, war in einem anmaßenden Ton gehalten. Der Beamte Kamptz erlaubte sich derlei gegenüber einem regierenden Fürsten nur deshalb, weil er sich der Rückendeckung von höchster Stelle sicher war. Am 10. November legte er in einem Gutachten für den Staatskanzler Hardenberg nach: Das Treffen auf der Wartburg sei »gesetzwidrig« gewesen, weil es die deutschen »Regenten unbescheidenem und unreifem Tadel unterwarf« und die bestehenden »Staatseinrichtungen«, vor allem die stehenden Heere und den Adel öffentlich beschimpfte. Es sei »gemeinschädlich« gewesen, weil die »verwilderten Studenten« Religion und Staat »zum Deckmantel und zum Vorwand grober Vergehungen« mißbraucht und sich gegen die Ruhe Deutschlands verschworen hätten. Kamptz zog das Fazit: »Was ist zu erwarten, wenn so verwilderte Menschen künftig Kanzeln, Lehrstühle, Richterstühle und Staatsämter erhalten? Was kann der Staat von ihnen auf hohen Posten, was von denen erwarten, welche schon auf der Universität mit dem Glauben, weiser als der Fürst, und mit dem Eigendünkel, sein Censor zu sein, in subalterne Posten treten?«

Noch im gleichen Jahr bezeichnete Kamptz in den »Jahrbüchern der Preußischen Gesetzgebung« die Jenaer Universität als »Pflanzschule von Staatsverbrechern, Pasquillanten und Injurianten«, deren Professoren

Karl von Kamptz

»ihre wankenden Katheder gern mit der Rolle eines politischen Reformators und den Doctorhut mit der Jakobiner-Mütze vertauschen möchten«.

Zu dem denunziatorischen Schreiben des Polizeidirektors Kamptz verfaßte der Weimarer Geheime Referendarius Ackermann ein Gutachten. Der Jurist stellte darin klar: »Herr von Kamptz überschreitet durch Denunzation anderer Unbilden, außer dem Verbrennen seines Codex [...] seine Grenzen und wirft sich im allgemeinen ultro zur Gegenpartei der Studenten und Professoren auf, die er durch die Epitheta: Tumultuierend, Jacobiner, zügellos, weit ärger und qualifizierter injuriiert, als er selbst injuriiert worden ist und muß also billig da Recht geben, wo er Recht nehmen will und Unrecht getan hat.« Staatsminister Freiherr von Fritsch erteilte den Ausführungen Ackermann seine »ganze Zustimmung«. Zur Position, die gegenüber dem Wartburgfest festgehalten werden müsse, schrieb er: »Großartige liberale Ansicht eines Festes der Jugend, wo ein Seitensprung über die Schranken des Schicklichen nicht als Hochverrat gestempelt werden kann.«

Österreichs leitender Staatsmann Clemens Wenzel Fürst von Metternich forderte Carl August auf, gegen den »Geist des Jakobinismus« einzuschreiten, der sich auf der Wartburg gezeigt habe. Die Verdächtigungen Metternichs und Kamptz' stießen freilich bei dem Großherzog vorerst auf taube Ohren. Carl August blieb der Studentenbewegung gewogen und wurde deshalb von Metternich als »Altbursche« abqualifiziert.

Auch in den Monaten nach dem Wartburgfest hielt Goethe sich wiederholt und auch für längere Zeit in Jena auf, so vom 6. bis 15. November 1817 und vom 21. November 1817 bis zum 21. Februar 1818. Der Dichterfürst übte als Staatsminister eine Oberaufsicht über die künstlerischen und wissenschaftlichen Einrichtungen des Großherzogtums aus. So war er immer wieder mit Angelegenheiten der Jenaer Universität befaßt. Er kam aber auch deshalb häufig in die Saalestadt, weil er hier mehr Ruhe für seine literarischen Arbeiten hatte.

Clemens Wenzel Fürst von Metternich

Am 6. Dezember empfing Goethe einen Herrn von Schmidt aus Wien zu einem Gespräch. Er konnte nicht wissen, daß er einen Spion vor sich hatte, der mit gefälschten Papieren unterwegs war. Der »Herr von

Schmidt« hieß in Wirklichkeit Sicard und war österreichischer Polizei-Oberkommissar. Metternich hatte ihm den Auftrag erteilt, die Vorfälle auf der Wartburg und darüber hinaus die allgemeine Stimmung im Deutschen Bund zu erforschen. Sicard traf nach dem 30. November in Weimar ein, reiste auch nach Jena und Eisenach und kehrte am 25. Dezember nach Wien zurück. Am 4. Januar 1818 legte er Metternich einen umfangreichen Bericht über seine Reise vor.

Just am 6. Dezember 1817, an dem Goethe mit Metternichs Spitzel sprach, schrieb der preußische König Friedrich Wilhelm III. eigenhändig einen Brief an Großherzog Carl August. Darin heißt es: »Die E. K. H. von jeher gewidmete aufrichtige Teilnahme und Freundschaft machen es mir zur Pflicht, Ihnen die Besorgnisse nicht länger zu verschweigen, welche mich und alle deutschen Fürsten tief bekümmern und uns dringend auffordern, gemeinschaftliche und ernste Maßregeln zu verabreden, damit dem umsichgreifenden Übel, da es noch Zeit ist, Schranken gesetzt werden mögen. E. K. H. vieljährige Erfahrung und oft bewährte Klugheit läßt mich erwarten, daß diese Eröffnungen nicht ohne Erfolg bleiben werden.« In seinem Brief kündigte der König an, daß Staatsminister Hardenberg nach Weimar kommen werde. Natürlich ging es darum, auf Carl August Druck auszuüben.

Hardenberg kam Mitte Dezember, begleitet vom österreichischen Geschäftsträger in Berlin, Graf Zichy. Der Staatskanzler gehörte ja innerhalb der preußischen Regierung zu denjenigen, die sich den restaurativen Kräften zu widersetzen suchten. Auch strebte er in Preußen die Einführung einer Verfassung an. So verliefen denn die Verhandlungen zwischen Carl August und seinen beiden Besuchern recht günstig. Die Kritik an der Pressefreiheit in seinem Großherzogtum parierte Carl August, indem er darauf hinwies, daß eine einheitliche Regelung der Pressevorschriften durch den Frankfurter Bundestag ausstehe. Anschließend schrieb Carl August am 16. Dezember an Friedrich Wilhelm III: »In der Wartburger Angelegenheit, bei welcher übrigens, soviel bis jetzt sich ergeben hat, bösliche Absicht nirgends im Spiel war, ist gegen die angeschuldigten Personen kriminelle Untersuchung im Gange, und ungestraft wird keine Schuld, sofern sie gerichtlich erwiesen, bleiben [...].«

Im Zuge dieser Untersuchungen waren am 24. November die Professoren Fries, Kieser, Oken und Schweitzer wegen ihrer Teilnahme am Wartburgfest verhört worden. Die Untersuchungen mußten dann aber eingestellt werden, weil keinem der Professoren nachgewiesen werden konnte, auf dem Fest eine Majestätsbeleidigung begangen zu haben.

Noch stärkerer Druck als aus Berlin kam aus St. Petersburg. Bereits am 4. Dezember hatte der sachsen-weimarische Geschäftsträger in Berlin, Hauptmann August Müller, seinem Außenminister Albert Cajetan Graf von Endling, berichtet: der russische Gesandte in Berlin, Franz David von Alopäus, habe am Tag zuvor gesagt, aus der Rede Rödigers auf dem Wartenberg gehe »eine revolutionäre Gesinnung der Studenten deutlich genug hervor«, und er sehe darin »den Wunsch einer allgemein republikanischen Verfassung laut ausgesprochen«.

In Weimar konnte man im Dezember 1817 nicht wissen, daß die russische Regierung bereits am 6. des Monats beschlossen hatte, Carl August massive Vorhaltungen zu machen. An diesem Tage wurde ein Instruktionsschreiben an den Gesandten an den sächsischen Höfen, General Basilius von Canicoff (Chanykow), formuliert. Darin stand über das Wartburgfest zu lesen: »Alle Reden, die dort vorgebracht wurden, enthielten Lobsprüche und Drohungen, Ermahnungen und Versprechungen, die ebenso kühn wie inkompetent waren. Man hat implizit das Verhalten aller deutschen Souveräne kritisiert. Man hat gegen die Unterschiede der Klassen gewütet. Man hat eine neue Verbindung der deutschen Jugend verkündet, durch die ein verschwommener Fanatismus und eine zügellose Freiheit zum Triumph geführt werden sollen. [...] Man hat mit hinterhältiger Geschicklichkeit Seine Kgl. Hoheit gegenüber den anderen deutschen Souveränen zu kompromittieren gesucht, indem man Seine liberalen Absichten, Seine treue Erfüllung der Versprechungen [...] gepriesen hat.« An Carl August wurde der Vorwurf gerichtet, er habe diesem »skandalösem Überschwang« nicht entgegengesteuert.

Zar Alexander I., 1909

Infolge der Verkehrsverhältnisse im russischen Winter kam das Schreiben in Dresden mit großer Verspätung an. Erst am 20. Januar 1818 konnte General Canicoff seinen Auftrag in Weimar ausführen. Er verschärfte das Ganze noch, indem er nicht den Inhalt des Schreibens vortrug, sondern es einfach dem Großherzog überreichte.

Hauptdrahtzieher im Kampf gegen die Burschenschaften und jegliche liberalen Bestrebungen waren jedoch nicht die Regierenden in Berlin und St. Petersburg, sondern Metternich. Dieser Mann regierte Österreich bereits seit 1809. Seine Politik war darauf gerichtet, die 1815 auf dem

Wiener Kongreß geschaffene Ordnung der europäischen Verhältnisse zu zementieren und jeglichen politischen und gesellschaftlichen Wandel zu blockieren. Metternich trat allen liberalen und nationalen Tendenzen scharf entgegen, weil er glaubte, daß sie die Vorherrschaft des Adels und die Existenz des habsburgischen Vielvölkerstaates bedrohten. Er mißtraute Hardenberg und allen anderen preußischen Reformern zutiefst, suchte sie bei König Friedrich Wilhelm III. anzuschwärzen und konspirierte mit dem stockreaktionären preußischen Polizeiminister Wilhelm Ludwig Georg Fürst zu Sayn-Wittgenstein (dem Vorgesetzten von Kamptz). Intern verbreitete er perfide Vorwürfe gegen Hardenberg: über dessen Büro könne man »ohne Übertreibung« sagen, »daß ihn nicht ein Mann umgibt, der nicht entweder im Sinne der reinsten Demokratie wäre oder bereits ein aktiver Teilnehmer an der Verschwörung gegen den eigenen preußischen Thron stünde«. Überhaupt seien in der preußischen Verwaltung die meisten Stellen mit »reinen Revolutionären« besetzt.

Der »Zeitgeist«, 1819

In Sicards Bericht vom 4. Januar 1818 las Metternich dann, daß der Tugendbund nach wie vor bestehe und daß die »Freiwilligen aus der Kriegerkaste« die deutsche Jugend durch »Schwindeleien von Deutschheit, Freiheit, Verfassung, Einigkeit usw.« zum »Jakobinismus« zu verführen suchten. Das dürfte Metternich in seinem Furor bestärkt haben.

Die Weimarer Regierung trat zwar noch Anfang März den Behauptungen, es habe auf der Wartburg eine Verschwörung gegeben, entgegen. Sie schrieb: »Eine geheime Verbindung überhaupt scheint auf Seiten der Unternehmer wenigstens bei diesem Feste nicht tätig gewesen zu sein, das öffentlich vor einer großen Anzahl von Zuschauern

Der »Anti-Zeitgeist«, 1819

IV. Der Weg nach Eisenach 51

gefeiert wurde, zu welchem die Einladungen öffentlich ergingen und welches den öffentlichen Behörden genau und umständlich vorher angezeigt wurde. Eher ist man zu vermuten berechtigt, daß die Gegner des Festes in geheimer Verbindung gestanden, denn kaum lassen sich anders die schnell und in den entgegengesetzten Richtungen verbreiteten falschen Gerüchte erklären, z. B. die unwahre Beschuldigung, daß die Akte des Wiener Kongresses und des heiligen Bundes verbrannt worden, die unwahre Behauptung, daß der Zweck dieser Versammlung auf die Vereinigung Deutschlands unter einer Regierung gerichtet gewesen sei.«

Auf Dauer konnten aber Carl August und seine Regierung dem Druck aus Berlin, St. Petersburg und Wien nicht widerstehen. Am 6. April 1818 erließ die Regierung eine Presseverordnung, durch die ein Straftatsbestand der Majestätsbeleidigung eingeführt wurde, der auch für ausländische Staatsoberhäupter galt. Fortan konnte ein Presseorgan verboten werden, wenn sich seine »ganze Tendenz« als »entschieden gefährlich« erweisen sollte.

Sah Metternich in der Pressefreiheit eine Gefahr, so sah er in den Burschenschaften eine noch größere. Sein vertrauter Mitarbeiter Friedrich Gentz sprach am 25. August 1818 in Karlsbad zwei Stunden lang mit ihm. Abschließend schrieb er in einem Brief: »Wir sind völlig überzeugt, daß unter allen Übeln, die heute Deutschland verheeren, selbst die Licenz der Presse nicht ausgenommen, dieser Burschen-Unfug das größte, dringendste und drohendste ist.«

VI. Vom Wartburgfest zur Allgemeinen deutschen Burschenschaft

Unter den Jenaer politischen Professoren war Luden der gemäßigtere und vorsichtigere. Er wollte den Verdächtigungen, die von Kamptz und anderen Reaktionären ausgingen, entgegenwirken, ohne sich selbst zu exponieren. So lud er im November oder Dezember 1817 den Studenten Riemann ein, zusammen mit einem Freund zu ihm zu kommen. Riemann studierte Theologie, hatte aber fast alle Vorlesungen Ludens besucht und galt als dessen Lieblingsschüler. Eigentlich wollte Riemann Sieverßen mitnehmen, doch der war gerade nicht zu erreichen. So bat Riemann seinen Zimmernachbarn Karl Johann Heinrich Müller, ihn zu begleiten. Müller stammte wie Riemann aus Mecklenburg, und auch er war Freiwilliger im Freikorps Lützow gewesen. Später war er im preußischen 25. Infanterieregiment zum Leutnant befördert worden. Am Wartburgfest hatte er nicht teilgenommen.

Riemann hat später über das Gespräch mit Luden berichtet: »Luden beleuchtete nun mit Scharfblick die Gefahren, die den Hochschulen drohten, und meinte, es sei die Pflicht der Burschenschaft, alles aufzubieten, um die Welt zu überzeugen, daß wir keine Revolutionäre seien, die mit dem Vaterlande ein gefährliches und verderbliches Spiel zu wagen geneigt wären. Zu dem Zweck sollten wir die Grundsätze und Ansichten, wie wir sie uns durch das Studium der Geschichte und Politik angeeignet und im Leben bisher zur Richtschnur unseres Verhaltens gemacht hätten, zu Papier bringen, der Gesamtheit der Studierenden zur Anerkennung vorlegen und, wenn diese erfolgt sein würde, durch den Druck veröffentlichen. Wir dürften sicher auf Billigung und Anerkennung aller freisinnigen Männer Deutschlands hoffen. Wir ergriffen beide diesen Gedanken mit der lebhaftesten Freude, äußerten aber unser Bedenken, ob uns das bei unserer gänzlichen Unerfahrenheit im Schreiben auch gelingen würde. Er lobte unsere Bescheidenheit, sprach uns aber Mut zu und empfahl uns, einen kurzen Entwurf, den er zu diesem Zwecke bereits niedergeschrieben hatte, unserer Arbeit zugrunde zu legen.«

Im Winter 1817/18 haben Riemann und Müller dann den gewünschten Text ausgearbeitet. Sie stützten sich dabei weniger auf den Entwurf von Luden (der übrigens nicht erhalten ist) als auf ein Manuskript des Kieler

Heinrich Herrmann Riemann

Professors der Medizin Franz Hermann Hegewisch. Der mit Hegewisch befreundete Student Justus Olshausen hatte dessen Manuskript beim Wartburgfest an Riemann übergeben. Luden sah die Ausarbeitung der beiden Studenten immer wieder durch, korrigierte sie und strich Passagen, die er zu radikal fand. Der Text, den Riemann und Müller schließlich vorlegten, ist so weitgehend ein Werk Ludens.

Die Endfassung des Textes trug die Überschrift: »Die Grundsätze und Beschlüsse des achtzehnten Octobers, gemeinsam beraten, reiflich erwogen, einmütig bekannt und den studirenden Brüdern auf anderen Hochschulen zur Annahme, dem gesamten Vaterlande aber zur Würdigung vorgelegt von den Studirenden zu Jena.« Es wurde gefordert: die Errichtung einer konstitutionellen Erbmonarchie, Ministerverantwortlichkeit, Gleichheit vor dem Gesetz, Schutz und Sicherheit des Eigentums, wirtschaftliche Einheit, Presse- und Redefreiheit. Zwei der Kernsätze lauteten: »Ein Deutschland ist, ein Deutschland soll sein und bleiben« und »Der Wille des Fürsten ist nicht Gesetz des Volkes, sondern das Gesetz des Volkes soll Wille des Fürsten sein«.

Im 28. Grundsatz hieß es: die Leibeigenschaft sei »das Ungerechteste und Verabscheuungswürdigste« und im 29. Grundsatz: der Leibeigene müsse nicht nur die Freiheit erhalten, sondern auch die Mittel »sich selbst nach eigenem Zwecke zu bestimmen«. Im 31. Grundsatz wurde die Rede- und Meinungsfreiheit als unveräußerliches Menschenrecht deklariert. Weiter hieß es: über dessen Mißbrauch dürfe nur ein vom Staat unabhängiges Gericht, ein Geschworenengericht entscheiden. Die »Grundsätze ...« orientierten sich hier am Code Napoléon, der auf dem Wartenberg symbolisch verbrannt worden war.

Riemann und Müller legten ihren Text zunächst Siewerßen, Loholm, Graf Keller und weiteren ihrer Freunde vor. Anfang 1818 unterbreiteten sie die »Grundsätze ...« dann im großen Saal des Gasthofs »Zur Rosen« (heute Universitätsgaststätte und Studentenklub) allgemeinen studentischen Versammlungen. Über das Auftreten Müllers berichtete Wesselhoeft später: »Müller gab sich als Verfasser desselben [der »Grundsätze ...«] aus; dieß war der Masse der Burschenschaft zuwider, weil er selbst nicht mit auf der Wartburg gewesen war«.

Die Mehrzahl der Studenten, die an der Diskussion teilnahmen, stimmte den »Grundsätzen ...« zu. Als es dann aber zur Abstimmung kam, warnte Scheidler, der »Burgvogt« vom 18. Oktober: »Ich gebe Euch das Eine zu bedenken, wenn Ihr das unterschreibt, so kriegt Ihr künftig keine Stellen!« Zwei Drittel der Studierenden war darauf angewiesen, eine Stelle im Staats- oder Kirchendienst anzustreben. So unterschrieben nur sieben Studenten, darunter Riemann, Müller, Siewerßen, Loholm und Wesselhoeft. Die »Grundsätze ...« wurden nicht veröffentlicht, zirkulierten aber in Abschriften in ganz Deutschland. De facto waren sie das erste liberale Parteiprogramm in Deutschland.

Gleichfalls im Winter 1817/18 formulierten die Gießener »Schwarzen« ein zweites politisches Programm, die »Grundzüge für eine teutsche Reichsverfassung«. August Follen hat sie im Ergebnis von Diskussionen niedergeschrieben, sein Bruder Karl sie dann korrigiert. Die »Grundzüge ...« umfaßten 34 Paragraphen. Etliche ihrer Forderungen ähnelten denen der »Grundsätze ...«: Einführung einer Verfassung, Rede- und Pressefreiheit, Gleichheit vor dem Gesetz, Öffentlichkeit des Gerichtsverfahrens, Schutz des Privateigentums. Doch die »Grundzüge ...« gingen weiter: man forderte die Volksherrschaft, allgemeine gleiche Wahlen, die Republik und den Einheitsstaat. Nur die »christlich-teutsche«, nicht aber die jüdische Glaubenslehre sollte zugelassen werden.

Waren die »Grundsätze ...« ein gemäßigt-liberales Programm, so die »Grundzüge ...« ein radikal-demokratisches, ja ein revolutionäres. Doch auch die »Grundsätze ...« hatten, gemessen an den bestehenden gesellschaftlichen Verhältnissen, revolutionäre Züge. Ihre Realisierung hätte jedenfalls die Vorherrschaft des Adels beseitigt.

Radikaldemokratisch gesinnte »Schwarze« gab es nicht nur in ihrer Hochburg Gießen, sondern in kleinen Gruppen an fast allen Universitäten. Sie bildeten in den Burschenschaften »engere Vereine«, teils als offene »Lesegesellschaften«, teils auch als Geheimgesellschaften. Zwischen den verschiedenen »engeren Vereinen« bestanden enge briefliche und persönliche Kontakte.

Fortschritte erzielten die studentischen Reformer im Kampf gegen das Duellunwesen. Seitdem in den Burschenschaften die Regelung bestand, ohne vorherige Untersuchung der Streitfälle durch das Ehrengericht (den Vorstand) dürften keine Duelle stattfinden, ging deren Zahl stark zurück. Im Sommer 1815 gab es in Jena bei einer Studentenzahl von etwa 400 pro Woche 147 Duelle. 1818 waren es nur noch etwas über 100, im Wintersemester 1818/19 noch 30 und im Sommersemester 1819 nur noch 11.

Im Januar 1818 sorgte Luden, der so großen Anteil an der Ausarbeitung der »Grundsätze ...« hatte, für viel Aufregung und bescherte der weimarischen Regierung Ärger. Er hatte Ende Dezember des Vorjahrs einen geheimen Bericht Kotzebues über »Zustand und Tendenzen der deutschen Literatur« erhalten. Der Text war für die russische Regierung bestimmt.

Ausschnitt aus Ludens Erwiderung in der Isis

Wie kam Luden zu dem Bericht?

Es gab ja damals noch keine Schreibmaschinen oder gar Computer. Autoren, die viel schrieben und es sich leisten konnten, hielten sich einen Schreiber, der ihre Manuskripte in »Schönschrift« übertrug. Auch der wohlhabende Kotzebue hatte einen solchen Schreiber. Eines Tages hatte der Schwierigkeiten mit einem französischen Text seines Herrn. Er ging deshalb zum Redakteur des »Oppositionsblattes« Friedrich Ludwig Lindner, der in Weimar im gleichen Hause wohnte und bat ihn, ihm bei der Entzifferung zu helfen. Lindner erkannte sogleich, was es mit dem Text auf sich hatte. Er bat den Schreiber, ihm die Blätter für eine Stunde zu überlassen. Nun schrieb er die wichtigsten Passagen des Berichts ab – und übergab sie Luden.

Luden veröffentlichte im Januar den Geheimbericht samt einer eigenen Erwiderung in der »Nemesis« (II. Band, 1. Stück). Die weimarische Regierung ließ am 16. Januar die betreffende Nummer der »Nemesis« beschlagnahmen. Erste gedruckte Bogen der Zeitschrift (damals nannte man das Aushängebogen) zirkulierten aber bereits in Jena. Obendrein wurde Kotzebues Bericht am 19. Januar in Ludwig Wielands Zeitschrift »Volksfreund« veröffentlicht. Und Okens »Isis« brachte Ludens Erwiderung. In den größten deutschen Zeitungen erschienen Nachdrucke. Kotzebue erklärte nun, er werde auch als Vertrauter des Zaren angegriffen, und der Zar selbst sei beleidigt worden. Die russische Regierung verlangte von der weimarischen in drohendem Ton Auskunft.

Am 22. Februar 1818 lud der Vorstand der Jenaischen Burschenschaft Burschenschaften und Landsmannschaften zu einem Treffen in Jena ein. Zweck des Treffens, so erklärten die Jenaer, sei es, »die Grundsätze über die allgemeine deutsche Burschenschaft zu beraten und derselben Grundstein zu legen […], damit nicht der Geist der Wartburg wieder verfliegt«.

Das Treffen fand dann vom 29. März bis zum 3. April statt. Es nahmen Delegierte der Burschenschaften aus Berlin, Halle, Heidelberg, Jena, Kiel, Königsberg, Leipzig, Marburg und Rostock und Delegierte der Landsmannschaften aus Berlin, Kiel und Leipzig teil.

Riemann, der Hauptredner vom 18. Oktober, leitete die Tagung. Er legte »Neunzehn Punkte« vor, die der Jenaer Vorstand für eine Debatte über eine »Verfassung« und einen »Brauch« der vereinigten Burschenschaften formuliert hatte. In diesen »Neunzehn Punkten« waren Positionen des Gießener »Ehrenspiegels« und des Heidelberger »Burschenbrauchs« berücksichtigt. Man beschloß, die »Neunzehn Punkte« den einzelnen Burschenschaften zu unterbreiten.

Vom 10. bis 19. Oktober 1818 fand in Jena der Burschenbundestag statt. Vertreten waren die Burschenschaften von Berlin, Breslau, Erlangen, Gießen, Halle, Heidelberg, Jena, Königsberg, Leipzig, Marburg, Rostock, Tübingen und Würzburg und die Kieler »Holsatia«. Die Beratungen über eine Verfassung der vereinigten Burschenschaften wurden von Wesselhoeft geleitet. Dabei diente der Entwurf, den die »Holsatia« geliefert hatte, als Gerüst. Einige Paragraphen der Verfassung, auf die man sich schließlich einigte, waren Kompromißlösungen. An deren Zustandekommen hatte Wesselhoft großen Anteil, der deshalb von Karl Follen heftig angegriffen wurde.

Die Delegierten gründeten schließlich die Allgemeine deutsche Burschenschaft. Am 18. Oktober feierten sie die Einigung auf dem Marktplatz. Die Reden, die dabei gehalten wurden, faßte Heinrich Freiherr von Gagern fünf Tage später in einem Brief an seinen Vater so zusammen: »Die wiedererrungene Freyheit und Selbständigkeit des Vaterlandes; Anmahnung zur kräftigen leiblichen und geistigen Ausbildung der Jugend, um eine zweyte Unterjochung zu verhindern. […] Trauer darüber, daß so viele, und selbst die meißten Fürsten in dem jetzigen Treiben der Jugend nichts sähen, als Jacobinismus.«

Vom angeblichen Jakobinismus der deutschen Studenten war just in diesen Tagen in Aachen viel die Rede. Vom 29. September bis zum 21.

November 1818 tagte dort der erste Kongreß der »Heiligen Allianz«. Zum ersten Male seit dem Wiener Kongreß trafen die Monarchen von Rußland, Österreich und Preußen und ihre leitenden Minister zusammen. Es ging auf dem Kongreß insbesondere darum, das monarchische Staatssystem Europas zu festigen und gegen oppositionelle Bestrebungen abzuschirmen. Man beriet auch sehr intensiv über die Verhältnisse in Deutschland. Metternich war bestrebt, klare Entscheidungen herbeizuführen, auf deren Grundlage er später im Frankfurter Bundestag Maßnahmen gegen die Universitäten, die Pressefreiheit und die deutschen Einigungsbestrebungen durchsetzen konnte.

Der russische Staatsrat Alexander Fürst Stourdza, ein Günstling des Zaren Alexander I., legte dem Kongreß eine geheime Denkschrift vor, die dann aber doch publik wurde. Er behauptete darin, in Deutschland drohe eine Revolution, und die Burschenschaften seien eine gefährliche aufrührerische Verbindung. Die Professoren und Studenten müßten streng beaufsichtigt und die Lehr- und Forschungsfreiheit an den Universitäten beseitigt werden. Die deutschen Universitäten, so hieß es in der Denkschrift, seien »gänzlicher Zuchtlosigkeit preisgegeben«, und die Pressefreiheit sei »eine schwere Schuld der Regierungen des achtzehnten Jahrhunderts«. Metternich stimmte den Ausführungen Stourdzas energisch zu, doch die preußischen Minister Hardenberg und Wilhelm von Humboldt konnten diesmal noch ein scharfes Vorgehen gegen die Universitäten verhindern.

Oken antwortete auf Stourdzas Denkschrift in der Februarnummer 1819 seiner »Isis«. Er schrieb über den russischen Staatsrat: »[...] daß man einen solchen Menschen nur mit der Geißel der Satyre und der Sarkasmen peitschen müsse, und das so derb und so ununterbrochen, daß er endlich, gleich einem Kotzebue, litterarisch aus Deutschland hinausgestäupt werde. Mit solchen unwissenden Burschen muß man weder ernsthaft noch artig verfahren, sondern sie am Ohrlappen kriegen und in ihre russischen Höhlen führen, wo sie ihre Leibeigenen zu ihren Leibesdiensten abrichten mögen. Hinaus mit solchen Gesellen! Necken, schuppen, zwicken, nöthigenfalls auch treten muß man sie, wo sie sich sehen lassen, damit sie wissen, daß wir Leute sind, die zu verachten verstehen und zur Thüre hinaus zu werfen, wenn ungezogene Barbaren hineindringen und sich in unser Hauswesen mischen wollen. Niemand in Deutschland sollte mit solchen ein Stück Brot brechen, Niemand ein Glas Wein anstoßen, Niemand ihnen einen Trunk reichen, damit sie empfänden, daß sie geächtet sind vom deutschen Volk!«

VII. Der Attentäter aus Jena

Unter den Teilnehmern des Wartburgfestes war ein ernster und schweigsamer junger Mann, der in keiner Weise auffiel. Keiner der Studenten konnte ahnen, daß ausgerechnet dieser Jüngling später den größten Bekanntheitsgrad von allen erlangen sollte.

Wir sprechen von Carl Ludwig Sand. Er wurde am 5. Oktober 1795 in dem fränkischen Provinzstädtchen Wunsiedel als Sohn eines Stadtrichters geboren. Wunsiedel, der Geburtsort des Dichters Jean Paul, gehörte damals zu Preußen. Der junge Sand war ein schwermütiger Mensch, von langsamem Entschluß, dabei grüblerisch veranlagt und völlig humorlos. Er besuchte in Hof und Regensburg das Gymnasium und begann 1814 in Tübingen evangelische Theologie zu studieren. Als Napoleon 1815 seinen Verbannungsort Elba verließ und Europa von neuem in Schrecken versetzte, meldete Sand sich als Kriegsfreiwilliger. Zu seiner grenzenlosen Enttäuschung kam sein Truppenteil aber nicht mehr zum Einsatz.

Sand wechselte nun zur Universität Erlangen. 1816 war er Mitbegründer der »Teutschen Burschenschaft« (Teutonia). Im September 1817 ließ er sich in Jena immatrikulieren und trat in die Burschenschaft ein. Er hörte Vorlesungen der Professoren Fries, Luden und Oken. In Erlangen war er von Angehörigen der Landsmannschaften verspottet und ausgegrenzt worden, in Jena hingegen war er ein geachteter Burschenschafter. Sogleich wurde er in den Festausschuß für das geplante Wartburgfest berufen. Am 18. Oktober durfte er dann beim »heiligen Zug« auf die Wartburg die Fahne der Jenaischen Burschenschaft begleiten. 1818 kam Karl Follen, das Oberhaupt der Gießener »Schwarzen«, nach Jena. Sand geriet völlig unter seinen Einfluß und entwickelte sich nun endgültig zum Fanatiker.

Carl Ludwig Sand

Im Jahr zuvor war der Schriftsteller August von Kotzebue aus Rußland nach Weimar zurückgekehrt. Heute erinnert hier am Haus Schloßgasse Nr. 6 eine Gedenktafel an ihn. Seit Ende 1817 gab Kotzebue in Weimar das »Literarische Wochenblatt« heraus. Er verherrlichte darin die Restaurationspolitik und suchte die Burschenschaften und allgemein

August von Kotzebue

die Zustände an den deutschen Universitäten lächerlich zu machen. Allgemein galt er als Geheimagent des Zaren.

Sand sah in Kotzebue den Prototyp des Vaterlandsverräters, Apologeten der bestehenden Ordnung und literarischen Verführers der Jugend. Am 5. Mai 1818 notierte er in seinem Tagebuch: »Wenn ich sinne, so denke ich oft, es sollte doch einer mutig über sich nehmen, dem Kotzebue oder sonst einem solchen Landesverräter das Schwert ins Gekröse zu stoßen.« Als Kotzebue das Pamphlet Stourdzas in aller Öffentlichkeit guthieß, entschloß Sand sich, den »Verräter« zu töten.

Er bereitete sich sehr methodisch vor. Erst einmal ließ er sich zwei Dolche anfertigen. Dann belegte er eine Vorlesung über Anatomie, um die genaue Lage des Herzens zu studieren. Schließlich trat er formell aus der Jenaischen Burschenschaft aus, um seine Bundesbrüder nicht zu gefährden. Wahrscheinlich hat er niemanden in seinen Plan eingeweiht.

Am 9. März 1819 macht er sich schließlich auf den Weg nach Mannheim. Kotzebue war dorthin übergesiedelt, weil er sich in Weimar, so nahe am »Jakobinernest« Jena, nicht mehr sicher fühlte. Sand ließ sich unterwegs viel Zeit. In Eisenach stieg er noch einmal zur Wartburg hinauf. In das Stammbuch der Burg trug er die Worte Theodor Körners ein: »Drück Dir den Speer ins treue Herz hinein! Der Teutschen Freiheit eine Gasse.«

Am 23. März langte Sand gegen 10.00 Uhr in Mannheim an. Er trug die »altdeutsche« Tracht – schwarzen Rock und Schillerkragen. Der Ankömmling nahm im Gasthof »Zum Weinberg« Quartier. Er trug sich als ein Herr Heinrichs aus dem kurländischen Mitau ein. Sogleich fragte er nach der Wohnung Kotzebues. Gegen 11.00 Uhr begab er sich dort hin. Ein Diener öffnete ihm. Sand sagte: er komme aus Mitau und wolle dem Staatsrat Briefe von dessen Mutter überbringen. Man ließ ihn wissen: der Staatsrat pflege sich morgens seinen literarischen Arbeiten zu widmen und gegen zwölf Uhr auszugehen. Der Besucher möge deshalb am Nachmittag wiederkommen.

Sand ging zum Gasthof zurück und nahm mit gutem Appetit ein reichliches Mittagsmahl zu sich. Gegen 17.00 Uhr begab er sich wieder zum Hause Kotzebues. Er mußte einige Minuten in einem Nebenraum warten, dann kam der Hausherr. Der Staatsrat fragte: »Sie sind also aus Mitau?« Es waren seine letzten Worte. Sand zog aus dem linken Ärmel seines Rockes einen Dolch hervor und stieß ihn Kotzebue mehrmals mit aller Kraft in die Brust. Dabei rief er aus: »Hier, Du Verräter des Vaterlands!« Obwohl der Schriftsteller Rock, Weste, zwei Hemden und eine wollene

Unterjacke trug, durchbohrte der Dolch sein Herz. Kotzebue starb binnen weniger Minuten.

Der Attentäter wollte eigentlich fliehen. Doch auf einmal erschien der vierjährige Sohn des Ermordeten. Sand stieß sich den Dolch in die Brust. Er stürzte aus dem Haus, stieß noch einmal zu und fiel bewußtlos nieder. Polizisten brachten ihn ins Spital, wo er wieder zu sich kam. Sobald er vernehmungsfähig war, beantwortete er bereitwillig und wahrheitsgemäß alle Fragen.

Kotzebues Tod

Sand trug bei seiner Tat ein Bekennerschreiben bei sich, das er an eine Kirchentür hatte nageln wollen. Er hatte unter anderem geschrieben: »Der Mensch soll seine Überzeugung bewähren, er soll leben und handeln. Dazu haben wir die ganze Macht des Willens empfangen [...], daß wir uns [...] selbst bestimmen, und darin bezeugt sich alle Tugend, daß wir [...] nach eigener Entschließung tun, was wir wollen [...]« und: »Möchte ich wenigstens einen Brand schleudern in die jetzige Schlaffheit und die Flammen des Volksgefühls, das schöne Streben für Gottes Sache in der Menschheit, das seit 1813 unter uns lodert, unterhalten, mehren helfen.«

Das Attentat erregte enormes Aufsehen. Die große Mehrzahl der Burschenschafter lehnte zwar die Mordtat ab, fand aber Sands Motive ehrenwert, ja, sah in dem Attentäter einen Helden. Der Berliner Theologieprofessor Wilhelm Martin Leberecht De Wette, der mit Fries und dem Berliner Theologen Friedrich Schleiermacher befreundet war, schrieb an Sands Mutter: »So wie die Tat geschehen ist durch diesen reinen, frommen Jüngling, mit diesem Glauben, mit dieser Zuversicht, ist sie ein schönes Zeichen der Zeit. Und was auch das Schicksal Ihres Sohnes sein mag, er hat genug gelebt, da er für den höchsten Trieb seines Herzens zu sterben beschlossen hat [...]. Ein Jüngling setzt sein Leben daran, einen Menschen auszurotten, den so viele als einen Götzen verehren. Sollte dieses ohne alle Wirkung sein?«

De Wettes Brief fiel der Polizei in die Hände, und der Professor verlor sein Lehramt. Wenige Wochen nach der Bluttat Sands, am 1. Juli 1819, versuchte der Apotheker Karl Löning in Schwalbach (Taunus), den nassauischen Regierungspräsidenten Karl Ibell umzubringen. Dieses Attentat schlug jedoch fehl.

Viele der Regierenden in den deutschen Staaten ergriff die Furcht, es beginne eine Serie von Terroranschlägen. Man glaubte ernsthaft, eine weitverzweigte Untergrundbewegung bedrohe die bestehende Ordnung. Dem intelligenten und zynischen Metternich aber kam Sands Mordanschlag sehr gelegen. Seinem Vertrauten Gentz schrieb er: der »vortreffliche Sand« habe »auf Kosten des armen Kotzebue« einen guten Anlaß geliefert, gegen die Studentenbewegung vorzugehen.

Der Attentäter wurde im Mannheimer Zuchthaus gesundgepflegt. Sein Gerichtsverfahren schleppte sich hin. Erst am 11. April 1820 verurteilte ihn das Mannheimer Hofgericht zum Tode. Als Tag der Hinrichtung wurde der 20. Mai, der Pfingstsamstag, festgesetzt. Zur Hinrichtung kamen zahlreiche Menschen von weit her. Sand wurde auf einem Wagen zur Richtstätte gefahren. Er lächelte und grüßte die Umstehenden. Als der Henker ihm mit einem Schwert das Haupt abschlug, weinten viele Menschen. Etliche tauchten Tücher in das Blut oder schnitten Späne vom Blutgerüst. Noch lange nach dem Todestag fanden sich auf der Richtstätte jeden Morgen frische Blumen.

Carl Ludwig Sand vor der Hinrichtung

Der Henker, ein pfälzischer Demokrat, baute aus den Balken des Blutgerüsts in seinem Heidelberger Weinberg ein Gartenhaus. Hier trafen sich später die Heidelberger Burschenschafter zu ihren geheimen Zusammenkünften.

VIII. Die »Demagogenverfolgungen«

Nach der Ermordung Kotzebues wurden in Franken und Sachsen-Weimar die engsten Bekannten Sands verhaftet. Der Druck aus Wien, St. Petersburg und Berlin auf Carl August und seine Regierung, gegen die Burschenschaft und die ihr nahestehenden Professoren vorzugehen, nahm stark zu. Der Zarengünstling Stourdza beschwerte sich bei der sachsen-weimarischen Regierung über die Kritik, die Oken im Februarheft 1819 an seiner geheimen Denkschrift über die deutschen Universitäten und an den Zuständen in Rußland geübt hatte. Carl August erklärte nun in einem Reskript vom 11. Mai 1819: Die Sprache, die Oken in seiner »Isis« führe, und der Inhalt dessen, was er schreibe, verdienten »höchste Mißbilligung«. Oken lasse »[...] zugleich seine besonderen Pflichten als angestellter Lehrer der Jugend gänzlich unbeachtet«. Die Jenaer Universität solle Oken vor die Wahl stellen, die »Isis« aufzugeben oder seine Professur niederzulegen. Oken weigerte sich, die »Isis« aufzugeben und wurde daraufhin am 7. Juni entlassen.

Auch Fries wurde 1819 seines Amtes enthoben, wobei sein Gehalt weiterhin gezahlt wurde. Erst 1824 erhielt er wieder eine Professur – aber nicht für Philosophie, sondern für Mathematik und Physik.

Karl Follen galt als Drahtzieher des Mordes an Kotzebue, doch konnte man ihm lediglich nachweisen, daß er Sand das Geld für die Reise nach Mannheim vorgestreckt hatte. Die Weimarer Regierung verbot ihm eine weitere Lehrtätigkeit in Jena.

Im Juli 1819 verhaftete die Polizei in Berlin Jahn, Rödiger und Wesselhoeft. Dann durchsuchte sie in Bonn die Wohnungen Arndts und der Brüder Welcker und beschlagnahmte Papiere. Jahn wurde ohne Gerichtsverfahren bis 1824 in Haft gehalten, dann zu zweijähriger Festungshaft verurteilt. Anschließend stellte man ihn in dem Städtchen Freyburg an der Unstrut unter Polizeiaufsicht.

Metternich hatte lange auf eine Gelegenheit gewartet, nicht nur gegen die Burschenschaft vorzugehen, sondern die deutschen Regierungen dazu zu drängen, gegen die gesamte nationale und liberale Bewegung Maßnahmen zu ergreifen. Sein Vertrauter Gentz schrieb über die Burschenschaft: sie sei »ausdrücklich und wesentlich auf die Idee der Einheit Deutschlands, und zwar nicht bloß einer idealen oder wissenschaftlichen oder literarischen, sondern einer leibhaftigen politischen Einheit gegründet. Sie ist also im höchsten und furchtbarsten Sinne des Wortes revolutionär und ein auf so gefahrvolle und frevelhafte Zwecke gerichtetes Institut, daß kein Stein davon auf dem andern bleiben darf.« Den Großherzog Carl August, der die Burschenschaft bisher protegiert hatte, bezeichnete Gentz als den »Ober-Burschen von Weimar«.

Unter dem maßgeblichen Einfluß Metternichs faßten Vertreter der größeren Staaten des Deutschen Bundes im August 1819 die »Karlsbader Beschlüsse«. Auf deren Grundlage nahm der Frankfurter Bundestag im September vier Ausnahmegesetze an: das Universitätengesetz, das Pressegesetz, das Untersuchungsgesetz und die vorläufige Exekutionsordnung. Die Burschenschaften wurden verboten, eine Pressezensur eingeführt und eine »Central-Untersuchungs-Commission« bestellt, die alle »revolutionären Umtriebe und demagogischen Verbindungen« bekämpfen sollte.

Paragraph 1 des Universitätengesetzes schrieb vor, daß an jeder deutschen Universität ein »landesherrlicher Bevollmächtigter« einzusetzen sei, der die Hochschule streng überwachen solle. Er solle die Verbreitung »gefährlicher Lehrinhalte« durch die Professoren und das »politische Treiben« von Studenten unterbinden. Jeder politisch mißliebige Professor oder Lehrer konnte fortan entlassen werden und durfte in keinem anderen Bundesstaat wieder eingestellt werden. Kein wegen »politischen Treibens« entlassener Student sollte an einer anderen Universität zugelassen werden.

Paragraph 3 des Gesetzes sah vor: »Die seit langem bestehenden Gesetze gegen geheime oder nicht autorisirte Verbindungen auf den Universitäten sollen in ihrer ganzen Kraft und Strenge aufrechterhalten« und insbesondere gegen die allgemeine Burschenschaft angewendet werden. »Individuen«, die geheimen oder nicht autorisierten Verbindungen, also vor allem der Burschenschaft, angehörten, sollten für kein öffentliches Amt zugelassen werden.

Nach der Verabschiedung der »Karlsbader Beschlüsse« durch den Bundestag setzte die Verfolgung der Burschenschaften und aller oppositionellen Kräfte, die nunmehr »Demagogen« genannt wurden, voll ein. Allein im Oktober und November 1819 ermittelte die Berliner Polizei gegen 345 Personen – Studenten und Freunde der Burschenschaften. Die Predigten Schleiermachers wurden von Spitzeln mitgeschrieben und anschließend von der Polizei überprüft.

Auch die sachsen-weimarische Regierung mußte die »Karlsbader Beschlüsse« umsetzen und die Jenaische Burschenschaft verbieten. Am 2. Dezember 1819 schrieben die Jenaer Burschenschafter an Carl August: »Das aber schmerzt uns tief, daß die Wirksamkeit uns genommen ist,

Karikatur auf die Karlsbader Beschlüsse

auf die, die nach uns kommen werden, das andere Mal, daß unser Streben verkannt und öffentlich verkannt ist.« Sie beschworen die Zeit herauf, »wo unsere Bestrebungen selbst von unserem edlen Fürsten und Herrn nicht mißkannt worden sind« und versicherten: »nichts wird die Liebe zu ihm ändern, und eine bessere Zeit gestattet uns vielleicht dereinst, sie ihm dankbar an den Tag zu legen.« Wesselhoft, Binzer, Adolph Martin und weitere 123 Burschenschafter hatten unterschrieben.

Die Burschenschaft hatte nie mehr als ein Fünftel oder Viertel der Studierenden (also maximal 2.000 Mitglieder) umfaßt. Nach dem Verbot bestand sie illegal an einigen Universitäten in Gruppen von 20 bis 30 oder weniger Studenten weiter. Ihre Anführer waren bestrebt, jedes Jahr konspirativ einen allgemeinen Burschentag abzuhalten. Der erste fand 1820 in Dresden statt.

Durch die Karlsbader Beschlüsse des Deutschen Bundestages vom 20. September 1819 wurden nicht nur die Burschenschaften verboten, sondern auch die Turnbewegung. Ja, das Verbot galt sogar für das bloße Turnen. Die preußische Regierung ordnete an, von den Turnplätzen sämtliche Sportgeräte zu entfernen. Das Turnverbot wurde freilich nur in Preußen ganz streng gehandhabt, in den meisten anderen deutschen Staaten hingegen viel lockerer. In den folgenden Jahren setzten in Preußen einsichtige Lehrer und Offiziere durch, daß unter Ausschluß der Öffentlichkeit in einigen Schulen und Kasernen geturnt werden durfte. Es blieb aber streng untersagt, bei den Sportveranstaltungen Reden zu halten, Lieder zu singen oder auf irgendwelche Weise politische Themen zu berühren.

Arndt war 1818 als Professor der Geschichte an die Universität Bonn berufen worden. Im Zuge der »Demagogenverfolgungen« wurde er 1820 entlassen. Karl Follen mußte 1819 nach Frankreich und dann in die Schweiz emigrieren. Von der Schweiz aus organisierte er 1821 den

»Jünglingsbund«, der einen gewaltsamen Umsturz der gesellschaftlichen Verhältnisse anstrebte. Zum Vorsitzenden des Bundes wurde 1822 Wesselhoeft gewählt. 1823 gelang der Mainzer »Central-Untersuchungs-Commission« die Zerschlagung des Bundes. 27 seiner Mitglieder wurden zu langjährigen Haftstrafen verurteilt, Wesselhoeft zu 15 Jahren.

Im Jahre 1823 versuchte Kamptz ein weiteres Mal gegen Luden vorzugehen. Die Berliner Polizei hatte bei dem Studenten Alfred Becker ein Kollegheft beschlagnahmt, in dem dieser im Sommer 1821 Vorlesungen Ludens über Politik aufgezeichnet hatte. Kamptz behauptete nun in einem Votum vom 4. April 1823, die Niederschrift sei ein vollständiger Beweis für die »Entstehung der verkehrten politischen Ansichten der akademischen Jugend«. Aufgrund des Votums von Kamptz ließ die preußische Regierung der Central-Untersuchungs-Commission einen Bericht des Bevollmächtigen bei der Berliner Universität, Christoph Ludwig Friedrich Schultz, übersenden.

Der sachsen-weimarische Bundesgesandte Carl Leopold Graf von Beust nahm Luden jedoch in Schutz. Der Bevollmächtigte für die Jenaer Universität, Philipp Wilhelm von Motz, schickte ein ausführliches Schreiben nach Mainz, in dem er Luden verteidigte. Carl August schrieb in diesem Zusammenhang am 21. Dezember 1823 an Karl Friedrich Freiherr von Müffling: »Hr. v. K. scheint wirklich in der Überzeugung zu leben, ›daß er der einzige Auserwählte des Herrn sei‹.« Müffling hatte bis 1813 zeitweilig im sachsen-weimarischen Dienst gestanden und war dann nach Preußen zurückgekehrt. In Berlin gehörte er zu den reaktionären Kreisen am Königshof, was den Weltmann Carl August nicht daran hinderte, weiterhin zu ihm freundschaftliche Beziehungen zu unterhalten.

1827 legte die Central-Untersuchungs-Commission dem Frankfurter Bundestag den Hauptbericht über ihre Tätigkeit vor. Darin hieß es: Die Verschwörungen der Jahre 1817 bis 1819 seien aus den geheimen Verbindungen erwachsen, die während der französischen Fremdherrschaft entstanden waren. Schleiermacher, Fichte und Arndt seien die intellektuellen Urheber der revolutionären Bewegung. Der Tugendbund sei die erste revolutionäre Zelle gewesen, Stein, Gneisenau und Hardenberg die ersten Beschützer und Förderer der Bewegung.

1830 gab die Julirevolution in Frankreich den Anstoß zu politischen und sozialen Bewegungen in mehreren Ländern Europas. In Deutschland belebte sich die Burschenschaftsbewegung von neuem. Dabei trat zu Tage, daß sie sich mittlerweile in die gemäßigten, liberal orientierten »Arminen« und die radikaldemokratischen »Germanen« gespalten hatte.

Am 27. Mai 1832 versammelte sich am Hambacher Schloß bei Neustadt an der Haardt in der bayerischen Pfalz die für die damalige Zeit riesige Menschenmenge von 30.000 Personen und forderte demokratische Rechte wie die Pressefreiheit und die Einigung Deutschlands. Die Teilnehmer des Hambacher Festes kamen vor allem aus der Pfalz und dem Elsaß, aus Baden, Hessen und Nassau. Unter ihnen waren auch einige hundert Burschenschafter aus Heidelberg, Jena und Würzburg. Am Fest nahmen Angehörige aller Volksschichten teil – Intellektuelle, Kaufleute, Kleinbürger, Handwerksgesellen, Lohnarbeiter und Bauern. Seit dem Fest war Schwarz-Rot-Gold das weithin anerkannte Symbol deutscher Einheit. Die reaktionären Kreise sahen im Hambacher Fest einen Angriff auf die bestehende Ordnung. Metternich nannte es einen »unerhörten Skandal«.

Zug zum Hambacher Fest

Noch weitaus mehr sollte ihn der Frankfurter Wachensturm vom 3. April 1833 erschrecken. An diesem Tage erstürmten in Frankfurt am Main 50 Verschwörer, unter ihnen 40 »germanische« Burschenschafter aus Erlangen, Göttingen, Heidelberg und Würzburg die Hauptwache der Polizei und die Konstablerwache, erbeuteten die dort befindlichen Waffen und befreiten die Gefangenen. Sie meinten, mit ihrer Tat in ganz Deutschland eine Revolution auslösen zu können. Der Aufstand wurde jedoch bereits nach einer Stunde vom Frankfurter Militär niedergeschlagen. Dabei fanden ein Aufständischer und sechs Soldaten den Tod.

Drei Wochen nach dem Wachensturm, am 24. April, schrieb Metternich an den Wiener Polizeioberkommissar Karl Gustav Noé: Es sei eine »allgemeine Umwälzungspartei Europas« am Werke. Der Frankfurter Wachensturm sei die Tat derselben »verruchten Verbrüderung« gewesen, die »seit einem halben Jahrhundert« unablässig am »Umsturze der bestehenden und selbst aller möglichen gesetzlichen Ordnung und aller Throne« arbeite.

Der Frankfurter Wachensturm

Nach dem Wachensturm setzte eine zweite Welle der »Demagogenverfolgungen« ein. Die preußische Regierung begann eine umfassende Aktion gegen alle Burschenschafter, die an preußischen Universitäten studierten und gegen preußische Staatsangehörige, die auswärtige Universitäten besuchten. Sie war durch Radikalisierungstendenzen innerhalb der Burschenschaft alarmiert. Auf dem Stuttgarter Burschenschaftstag vom 26. und 27. Dezember 1832 hatten sich die »Germanen« darauf festgelegt, daß grundlegende Veränderungen in Deutschland notfalls durch eine Revolution erzwungen werden sollten. Anfang 1833 hatten die Burschenschaften in Greifswald und Halle ihre Verfassungen im Sinne der Festlegungen von Stuttgart revidiert.

Im Jahre 1835 betraute die preußische Regierung das Berliner Kammergericht mit der Verfolgung und Verurteilung »politischer Verbrecher«. Die Richter des Kammergerichts sahen in den Burschenschaften »hochverräterische Verbindungen«. Die bloße Zugehörigkeit zu einer Burschenschaft konnte nunmehr als »Hochverrat« mit dem Tode bestraft werden. Am 4. August 1836 fällte das Gericht Urteile gegen 206 Burschenschafter. 39 der Studenten wurden zum Tode verurteilt, darunter 14 von der Universität Greifswald und 13 von der Universität Halle. Alle anderen Angeklagten erhielten langjährige Haftstrafen. Diejenigen Studenten, denen außer der bloßen Mitgliedschaft in der Burschenschaft nichts nachzuweisen war, sollten mit dem Beil hingerichtet werden. Die Studenten Karl Heinrich Brüggemann, Heinrich Jacoby, Hermann Müller-Strübing und Carl August Theodor Otto aber hatten nach Ansicht der Richter praktische Handlungen zur Erreichung ihrer Ziele begangen. Sie sollten deshalb die »geschärfte Todesstrafe« erleiden – »mit dem Rade von oben herab«. Diese Methode der Hinrichtung war in Preußen im Jahre 1836 noch immer möglich! Lediglich die grausame Methode des Räderns »von unten nach oben« war 1811 abgeschafft worden.

Der bekannteste der zum Tode Verurteilten war Fritz Reuter. Seine Verurteilung war juristisch besonders fragwürdig, weil er kein preußischer Staatsangehöriger, sondern Mecklenburger war und er seine »Straftat« (die Mitgliedschaft in der Burschenschaft) nicht in Preußen, sondern in Jena begangen hatte.

Offenbar hatten weder die preußische Regierung noch König Friedrich Wilhelm III. die Absicht, die Todesurteile tatsächlich vollstrecken zu lassen. Ihnen ging es um Abschreckung. Eine Kabinettsorder vom 11. Dezember 1836 hob die Todesstrafen auf und wandelte sie in Haftstrafen um – für die vier zu »geschärfter Todesstrafe« Verurteilten lebenslänglich, die anderen 30 Jahre. Zwei Jahre später wurden die Haftstrafen auf 15 beziehungsweise 10 Jahre herabgesetzt. 1839 schlug das Kammergericht vor, die Verurteilten freizulassen. Innenminister Gustav Adolf Rochus von Rochow und Justizminister Heinrich Gottlob von Mühler widersetzten sich heftig. Ausgerechnet Kamptz, der Scharfmacher in den Jahren seit 1817, der seit 1832 »Minister für Gesetzesrevision« war, hatte das Kammergericht zu seinem Vorstoß ermutigt.

Am 7. Juni 1840 starb König Friedrich Wilhelm III. Sein Nachfolger Friedrich Wilhelm IV. amnestierte die Verurteilten des Jahres 1836. Im August 1840 kamen sie alle auf freien Fuß. Sie konnten ihr abgebrochenes Studium zu Ende führen, und viele von ihnen wurden angesehene Staatsbeamte. Fritz Reuter wurde ein berühmter und erfolgreicher Schriftsteller. Seit 1863 lebte er in Eisenach, der Stadt des Wartburgfestes. Im Rückblick schrieb er über seine sechsjährige Kerkerhaft: »Als wir eingesperrt wurden, gab's unter uns noch keine Demokraten, aber im Gefängnis wurden wir alle Demokraten.«

IX. Völkerfrühling 1848

Im Februar 1848 stürzte das Volk von Paris das Regime des »Bürgerkönigs« Louis Philippe. Die Nachrichten von der Revolution in Frankreich wirkten in Deutschland wie ein Fanal. In den zahlreichen Residenzstädten fanden sich Bürger in den Lesecafés und auf den Straßen zusammen und führten hitzige politische Diskussionen. In den folgenden Wochen erhoben in ganz Deutschland Volksversammlungen die fünf »Märzforderungen«: Pressefreiheit, Schwurgerichte, Volksbewaffnung, Vereinsfreiheit, ein deutsches Parlament. Überall flatterte das verbotene schwarz-rot-goldene Banner der Nationalbewegung.

In den kleinen und mittleren deutschen Staaten wichen die Fürsten allenthalben zurück und beriefen angesehene liberale Politiker an die Spitze der Regierungen. Nur in Wien und Berlin glaubten die Regierenden noch, sie könnten ihre Herrschaft mit Waffengewalt verteidigen. Am 13. März kam es in Wien, am 18. März in Berlin zu Straßenkämpfen zwischen dem Militär und der Bevölkerung. Der allmächtige Leiter der österreichischen Politik, Staatskanzler Metternich, floh am 14. März aus Wien. In Berlin gab Friedrich Wilhelm IV. seiner Armee am 19. März den Rückzugsbefehl. Am 29. März ernannte er den liberal gesinnten Unternehmer Ludolf Camphausen zum Ministerpräsidenten.

Anfang Mai ging eine der wichtigsten demokratischen »Märzforderungen« in Erfüllung: auf der Basis des allgemeinen Wahlrechts – nur für Männer – wurden in ganz Deutschland die Abgeordneten einer Nationalversammlung gewählt. Am 18. Mai wurde das Parlament in der Frankfurter Paulskirche feierlich eröffnet. Von den 809 Abgeordneten (einschließlich der Stellvertreter) waren etwa 160 alte Burschenschafter. Am 19. Mai wurde der hessische Liberale Heinrich Freiherr von Gagern, der 1818/19 Vorstandsmitglied und Sprecher der Jenaischen Burschenschaft gewesen war, mit überwältigender Mehrheit zum Präsidenten des Parlaments gewählt. Fünf Tage später wählten die Abgeordneten einen vorbereitenden Ausschuß für den Entwurf einer Reichsverfassung. Unter den 37 Mitgliedern des Ausschusses waren 19 alte Burschenschafter. Einer von ihnen, Christian Gottlieb Schüler, hatte am Wartburgfest teilgenommen.

Die »Demagogenverfolgungen« zu Beginn der 1820er und zum Ende der 1830er Jahre hatten bewirkt, daß auch ein großer Teil der Studenten resignierte und sich in die Biedermann-Idylle zurückzog. Die Unterdrückung der Burschenschaften ermöglichte es den Corps (Korps), die aus

Die Nationalversammlung in der Frankfurter Paulskirche

den Landsmannschaften hervorgegangen waren und als unpolitisch galten, wieder Boden zu gewinnen. Um 1840 entstand dann an den Universitäten eine neue studentische Bewegung, die sich »Progreß« nannte und sich energisch für bürgerliche Freiheitsrechte einsetzte. In Jena, wo sich die Burschenschaft gespalten hatte, vereinigten sich 1844 die Burschenschaften »Bär« und »Burgkeller«. Damit gehörte ein Drittel der Jenaer Studenten dem »Progreß« an. Statt »Burschenschaft« nannte man sich nur noch »Vereinigung auf dem Burgkeller«.

Zu Beginn der Revolution von 1848 bestanden in der deutschen Studentenschaft drei große Strömungen: Die Progreßburschenschaften vertraten liberale und demokratische, teilweise auch republikanische Forderungen. Die alten Burschenschaften waren liberal bis konservativ orientiert. Die meisten Studenten der Korps waren konservativ und fürstentreu eingestellt.

Die 1846 gegründete Jenaer Altburschenschaft »Germania« lud zu einem Treffen der Burschenschaften zu Pfingsten ein. Doch auch die Progreßverbindung »Burgkeller« sprach für Pfingsten eine Einladung zu einem Treffen auf der Wartburg aus – und zwar an alle deutschen Studenten. Es kamen etwa 1.200 Studierende. Auf der Eröffnungssitzung gruppierten sie sich in eine 600–700 Mann starke »Linke« (die Progressisten und die meisten Burschenschafter) und eine 400–500 Mann starke »Rechte« (die Corps). An dem Treffen nahmen auch Professor Kieser und der Fahnenträger vom 18. Oktober 1817 Graf Keller teil. Die Versammlung nahm eine Petition an die Frankfurter Nationalversammlung an. Darin wurde unter anderem gefordert, die Universitäten zu Nationaleigentum zu erklären. Das Latein als Unterrichtssprache und der Promotionszwang für Mediziner sollten abgeschafft werden.

Im Herbst 1848 setzte in Deutschland die Gegenrevolution ein. Im Oktober hatten in Wien Studenten, Bürger und Arbeiter in einer zweiten Revolution die Macht übernommen. Am 31. Oktober eroberte die kaiserlich österreichische Armee Wien zurück. Hier hielt sich einer der populärsten Abgeordneten der Paulskirche, der Demokrat Robert Blum, auf. Er wurde verhaftet und am 9. November trotz seiner Immunität standrechtlich erschossen. Einen Tag später marschierten die Truppen des Generals Friedrich Graf von Wrangel in Berlin ein. Am 5. Dezember ließ König Friedrich Wilhelm IV. die preußische Nationalversammlung auflösen.

Unter immer schwieriger werdenden Bedingungen setzte die Frankfurter Nationalversammlung ihre Arbeit an der Reichsverfassung fort. Am 27. März 1849 nahm das Parlament die Verfassung an. Die Verfassung bestimmte die »Grundrechte des deutschen Volkes« und verankerte die Rechts- und Chancengleichheit aller Staatsbürger. Sie schrieb das allgemeine, gleiche Wahlrecht fest und übertrug dem König von Preußen die erbliche Kaiserwürde des deutschen Nationalstaates. Die Reichsverfassung vom Jahre 1849 war die erste demokratische Verfassung Deutschlands.

Der preußische König Friedrich Wilhelm IV. nannte die ihm angebotene Kaiserkrone in einem Brief an den Großherzog von Hessen eine »Schweinekrone«, einen »Reif, aus Dreck und Letten [Lehm] gebacken« und wies sie am 3. April 1849 schroff zurück. Preußen, Österreich und einige Mittelstaaten weigerten sich, die Reichsverfassung anzuerkennen. Die Liberalen resignierten und überließen der Gegenrevolution das Feld. Die Demokraten jedoch forderten das deutsche Volk auf, die Reichsverfassung gegen alle Widerstände durchzusetzen.

In Sachsen, der Pfalz und in Baden griffen die Demokraten zu den Waffen, um der Reichsverfassung Geltung zu verschaffen. In Baden stellte sich die Armee auf ihre Seite. Doch preußische Truppen warfen alle Aufstände nieder. Als letztes Bollwerk der Revolution fiel am 23. Juli 1849 die Festung Rastatt. Der Völkerfrühling war zu Ende.

In die Reichsverfassung von 1849 waren die »Grundsätze und Beschlüsse des 18. Oktober« teilweise wörtlich eingeflossen. Diese Verfassung kam zwar nicht zur Geltung, doch sollten dann die Weimarer Verfassung von 1919 und das Grundgesetz der Bundesrepublik Deutschland von 1949 in erheblichem Umfang auf ihr beruhen.

So hatte es in den »Grundsätzen ...« geheißen: »Das erste und heiligste Menschenrecht, unverlierbar und unveräußerlich, ist die persönliche Freiheit.« In den Verfassungen von 1849, 1919 und 1949 hieß es jeweils: »Die Freiheit der Person ist unverletzlich.« Grundsatz 31 lautete: »Das Recht, in freier Rede und Schrift seine Meinung über öffentliche Angelegenheiten zu äußern, ist ein unveräußerliches Recht jedes Staatsbürgers [...].« Paragraph 143 der Reichsverfassung von 1849 bestimmte: »Jeder Deutsche hat das Recht, durch Wort, Schrift, Druck und bildliche Darstellung seine Meinung frei zu äußern.« Artikel 118 der Weimarer Verfassung legte fest: »Jeder Deutsche hat das Recht, innerhalb der Schranken der allgemeinen Gesetze seine Meinung durch Wort, Schrift und Bild oder in sonstiger Weise frei zu äußern.« Und das Grundgesetz von 1949 betonte: »Jeder hat das Recht, seine Meinung in Wort, Schrift und Bild frei zu äußern und zu verbreiten und sich aus allgemeinen Quellen ungehindert zu unterrichten.«

X. Die Wartburg als deutscher Erinnerungsort

Am 14. April 1828 starb Großherzog Carl August. Er dürfte der populärste deutsche Fürst seiner Zeit gewesen sein. Carl August hatte den Studenten ihr Fest auf der Wartburg genehmigt und war von ihnen bejubelt worden. Ihm folgte sein Sohn Carl Friedrich auf den Thron.

Zeitgenossen haben den Fürsten als zuverlässig und redlich beschrieben. Der Freiherr vom Stein freilich, der für seine scharfen Urteile bekannt ist, nannte den damaligen Erbgroßherzog am 8. Juli 1819 in einem Brief an seine Tochter Henriette einen »höchst lächerlichen und geistlosen Mann«. Auf alle Fälle zeigte Carl Friedrich wenig Tatkraft und Initiative, verfolgte er weder politische noch kunstpflegerische Ambitionen.

Seine Gattin hingegen, die russische Großfürstin Maria Pawlowna, Tochter des Zaren Paul I. und Schwester der Zaren Alexander I. und Nikolaus I., war gebildet und kunstbegeistert und obendrein tatkräftig. Folgerichtig gewann sie nach dem Tode Carl Augusts erheblichen Einfluß. Sowohl Goethe als auch der Freiherr vom Stein haben die Fürstin sehr geschätzt.

Eine der Töchter von Maria Pawlowna und Carl Friedrich, Augusta, heiratete den Prinzen Wilhelm von Preußen und wurde Königin und Deutsche Kaiserin. Am 24. Juni 1818 wurde Carl Alexander geboren. Maria Pawlowna dominierte die Erziehung des Prinzen, an der auch Goethe teil hatte. Der junge Mann erwarb eine reiche Bildung und entwickelte viel Kunstverständnis. Im Jahre 1838 besuchte er mit seiner Mutter die Wartburg. Im Festsaal im zweiten Obergeschoß des Palas sagte Maria Pawlowna zu ihrem Sohn: »Du solltest einmal daran denken, dies wieder herzustellen.« Carl Alexander hatte damit die große Aufgabe seines Lebens gefunden.

Maria Pawlowna

Zu diesem Zeitpunkt befand sich die Wartburg im Zustand des Verfalls. Goethe hat sie als »nüchternen öden Kasten mit einem ungeheuren Dach und kleinen Fenstern, in dessen Innern eine unbeschreibliche Unbehaglichkeit herrscht« bezeichnet. Just im Jahre 1838 beauftragte Maria Pawlowna den Maler Carl Alexander Simon, den »Sängerkrieg« zu malen. Simon schaute sich in der Wartburg um und fand den Palas vermauert vor, an der Süd- und Hofseite von Schuttmassen umgeben.

Bereits vor dem Wartburgfest hatten romantische Literaten wie Friedrich

Schlegel und Friedrich de la Motte-Fouqué, die von einem idealisierten christlichen Mittelalter schwärmten, die Wartburg wieder entdeckt. Nach dem Wartburgfest war die Burg für national und liberal gesinnte Kreise ein Symbol des Kampfes für nationale Einheit und bürgerliche Freiheitsrechte, für etliche der deutschen Fürsten und ihre reaktionären Parteigänger hingegen ein Synonym für Anarchie und Revolution. Im Oktober 1845 leitete Richard Wagner dann in Dresden die Uraufführung seiner Oper »Tannhäuser und der Sängerkrieg auf der Wartburg«. Die Oper hatte großen Erfolg, der lange anhielt – und die Wartburg so, wie die Romantiker sie sahen, weithin bekannt machte.

1841 gab Großherzog Carl Friedrich seinem Sohn offiziell den Auftrag, die Erneuerung der Wartburg zu leiten. Carl Alexander formulierte am 12. Februar des Jahres »Grundsätze und Leitgedanken der Restaurierung«: »Meine Idee ist nämlich die, nach und nach die Wartburg zu einer Art Museum für die Geschichte unseres Hauses, unseres Landes, ja von ganz Deutschland zu gestalten.«

Carl Alexander war noch ein junger Mann, und er brauchte natürlich sachkundige Ratgeber, insbesondere einen Architekten, der seine Intentionen teilte. Er fand ihn schließlich in dem Professor Hugo von Ritgen, der an der Gießener Hochschule Baukunst lehrte.

1853 starb Carl Friedrich. Carl Alexander war nun Großherzog und trieb in engem Einvernehmen mit Ritgen den Wiederaufbau der Burg voran. 1853 wurde der Grundstein für den Bergfried gelegt, 1859 war der 30 Meter hohe Bau fertig. 1854/55 schuf Moritz von Schwind seine berühmten Fresken. Carl Alexander finanzierte die Baumaßnahmen aus seiner Privatschatulle, und Maria Pawlowna trug aus ihrem Vermögen viel dazu bei.

1867, zur 300-Jahrfeier, war die Wartburg weitgehend wiederhergestellt. Gäste aus ganz Deutschland reisten zur Feier an. Franz Liszt dirigierte sein Oratorium von der heiligen Elisabeth.

Ein großer Teil der Bauwerke, die heute das Ensemble der Wartburg bilden, wurde bis in die 1880er Jahre hinein in romanischem und gotischem Stil neu errichtet: neben dem Bergfried die Neue Kemenate, die Torhalle, die »Dirnitz« (eigentlich: ein beheizbarer Raum), der Gasthof, das »Gadem« (Gästehaus) und das Ritterbad.

Ritgen starb 1889, Carl Alexander 1901. Ihr gemeinsames Lebenswerk, die Wiederherstellung der Wartburg, war vollendet. Die Burg hatte die imponierende Gestalt angenommen, die wir heute kennen. Sie war zu einem »deutschen Erinnerungsort« geworden. Diese Erinnerung war

Die Wartburg, um 1890

freilich selektiv. Die Fresken, die Moritz von Schwind im Auftrage Carl Alexanders schuf, stellen die Sagen um die Entstehung der Burg, das Leben der heiligen Elisabeth und eine Szene des »Sängerkrieges« dar. Darüber hinaus galt die Erinnerung dem Christentum, der Poesie, dem Fürstenhaus und Martin Luther. Carl Alexander hatte geschrieben: die Wartburg solle ein Museum für die Geschichte ganz Deutschlands werden. Für das Wartburgfest der Burschenschaften war in seinem Museum aber kein Platz vorgesehen. Heute erinnert im großen Festsaal des Palas eine Kopie der Fahne der Jenaischen Burschenschaft an das Wartburgfest am 18. und 19. Oktober 1817.

Auch das Burschenschaftsdenkmal auf der Göpelskuppe im Süden von Eisenach, das in den Jahren 1900–1902 errichtet wurde, erinnerte damals nicht primär an das Wartburgfest und die Burschenschaften der Jahre 1815–1819, sondern an die 87 Burschenschafter, die in den Einigungskriegen der Jahre 1864 bis 1871 gefallen waren.

Zwar waren die Namen der Anreger und Mentoren der Burschenschaften Arndt, Fichte, Fries, Jahn, Luden und Oken und die Namen der Mitbegründer der Jenaischen Burschenschaft Horn, Riemann und Scheidler innen in die Wände eingemeißelt. Es dominierten aber vier Tafeln mit den Namen der 87 Gefallenen und fünf jeweils 2,70 Meter hohe Statu-

Das Burschenschaftsdenkmal, 1902

en. Eine der Statuen stellte den Großherzog Carl August dar, die anderen aber Kaiser Wilhelm I., Reichskanzler Otto von Bismarck, Generalstabschef Helmuth von Moltke und Kriegsminister Albrecht von Roon. Der offizielle Name des Denkmals lautete: »Kaiser-Wilhelm-Denkmal der deutschen Burschenschaften«. Die Gedenktafeln und Statuen wurden dann in den 1960er Jahren entfernt.

Auch im wilhelminischen Kaiserreich bestanden – neben feudalen Corps und neu gegründeten Landsmannschaften – Burschenschaften. Ihr Dachverband, der Allgemeine Deputierten-Convent (ADC), beschloß 1889, in Eisenach ein Burschenschaftsdenkmal zu errichten. Die alten Burschenschaften von 1815–1819 waren die Speerspitze der bürgerlichen Opposition gewesen. Die Burschenschaften der Kaiserzeit hingegen waren systemkonform. Eines der beiden großen Ziele der alten Burschenschaften, die nationalstaatliche Einigung, war durch die Bismarcksche Reichsgründung in Erfüllung gegangen. Vom zweiten Ziel der alten Burschenschaften, der Umgestaltung Deutschlands in liberalem und demokratischem Sinne, hatten sich die Burschenschaften der Kaiserzeit weit entfernt. Die Burschenschafter der Jahre 1815–1819 waren deutsche Patrioten gewesen, die Burschenschafter der Kaiserzeit wurden zu Nationalisten.

Übrigens hatte sich Carl Alexander dem Bau des Burschenschaftsdenkmals widersetzt. Er bestand darauf, daß es nicht in unmittelbarer Nähe der Wartburg errichtet wurde und daß sein Stil sich von dem der Burg unterschied.

X. Die Wartburg als deutscher Erinnerungsort

XI. Dokumente

Einladungsschreiben der Jenaischen Burschenschaft zum Wartburgfest

An die Hochschulen zu Berlin, Breslau, Erlangen, Gießen, Göttingen, Greifswald, Heidelberg, Kiel, Königsberg, Leipzig, Marburg, Rostock und Tübingen

Jena, den 11ten Aug. 1817

Gruß zuvor!
Lieben Freunde!

Da in diesem Jahre das Reformationsjubiläum gefeiert wird, so wünschen wir, gewiß mit allen braven deutschen Burschen, indem man überall dieses Fest festlich zu begehen gedenkt, es auch in unserer Art zu feiern. – Um aber nicht in Collision zu kommen mit jenen übrigen Feierlichkeiten, welche durch die unsrige leicht gestört werden könnten, und da auch das Siegesfest der Schlacht bei Leipzig in diese Zeit fällt, so sind wir darüber einig geworden, dieses Fest am 18ten Oct. 1817 und zwar auf der Wartburg bei Eisenach zu feiern, weil erstens auf diese Art den Entfernteren Zeit und Gelegenheit gegeben wird, Theil zu nehmen an dem Feste, ohne gerade bedeutend zu versäumen, zweitens ebenfalls die Entfernteren nicht um die eigentliche Feier des 18ten Oct. gebracht werden durch die Reise, und wir endlich das Fest in drei schönen Beziehungen, nämlich der Reformation, des Sieges bei Leipzig, und der ersten freudigen und freundschaftlichen Zusammenkunft deutscher Burschen von den meisten vaterländischen Hochschulen am dritten großen Jubiläum der Reformation begehen können.

Rücksichtlich dieses dreifachen Zwecks ist denn auch die Feier selbst angeordnet, indem wir am 18ten Oct. sobald es tagt, uns auf dem Markt in Eisenach versammeln, von da auf die Wartburg ziehen, oben ein Gebet halten, dann gegen 10 Uhr uns wieder versammeln, entweder im Freien, oder im Minnesängersaale, wenn es regnet, wo einer eine Rede halten wird, hierauf ein Frühstück einnehmen, das Mittagsmahl aber bis nach dem Gottesdienst, welcher für den 18ten October von dem großherzoglichen-weimarischen Consistorium Nachmittags um 2 Uhr angeordnet ist, und woran die meisten von uns gewiß Theil zu nehmen wünschen werden, verschieben, um dieses alsdann ebenfalls im Minnesängersaale gemeinschaftlich einzunehmen. – Abends mag dann den Beschluß Anzündung eines Siegesfeuers und ein fröhliches Gelage machen.

Zu diesem feierlichen Tage laden wir Euch demnach freundschaftlichst ein, und bitten Euch in so großer Menge, als möglich, und falls dieß sich nicht machen sollte, doch gewiß durch einige Abgeordnete Theil zu nehmen. Am 17ten October werden nun alle, welche zu kommen gedenken, hoffentlich in Eisenach schon eintreffen. Jeder erfrage dann nur den Gasthof zum Rautenkranz am Markte, damit er von hieraus, falls er da nicht mehr bleiben kann, in ein Quartier gebracht werde; dieß ist nöthig, wenn Viele kommen sollten; auch damit man sich gegenseitig bald kennen lerne.

Ferner bitten wir, jeden unter Euch aufzufordern, diesen Tag in einem Gesange nach einer bekannten Weise zu verherrlichen, und selbigen uns wenigstens 14 Tage vorher einzusenden, damit wir gehörig den Druck besorgen können. Ueberhaupt aber ersuchen wir Euch, uns wo möglich bis Ende Augusts Bescheid zu thun auf unsere freundschaftliche Einladung, und nichts zu unterlassen, was dieses Fest vor vielen gefeiert und so aller Welt zum erfreulichen Beispiel machen kann.

Gehabt Euch wohl!
Im Namen der Burschenschaft
zu Jena,
Robert Wesselhoeft.
Stud. Jur.

Hugo Kühn (Hrsg.), Das Wartburgfest am 18. Oktober 1917. Zeitgenössische Darstellungen, archivalische Akten und Urkunden, Weimar 1913

Mitteilung der Hannöverschen Regierung an die Regierung zu Weimar über das geplante Wartburgfest

praes. 6. Sept. 1817.

Euren Excellenzen beehren Wir Uns, in dem abschriftlichen Anschlusse eine Aufforderung ergebenst mitzutheilen, welche unter den Studierenden zu Göttingen seit Kurzem circulirt hat und selbst in mehreren Hörsählen angeschlagen gefunden ist.

Da, laut derselben, Studierende von fast allen deutschen Universitäten am nächstbevorstehenden 18ten October auf der Wartburg bey Eisenach zusammentreffen wollen, um das Reformations-Jubiläum und zugleich den Jahrestag der Schlacht von Leipzig zu feyern: so dürfte es, wie Wir vermuthen, der Deroseitigen Regierung schon in gewöhnlicher polizeylicher Hinsicht nicht gleichgültig sein, im Voraus von der zu erwartenden wahrscheinlich sehr zahlreichen Versammlung junger Leute aus allen Theilen Deutschlands, Kenntnis zu erhalten. Die Sache gewinnt aber ein bey weitem höheres Gewicht, wenn – wie Uns sehr glaublich dünkt – die vorseyende Zusammenkunft sich auf den, unter dem Namen Teutonia vorhandenen geheimen Verein, beziehen sollen, welcher seit einiger Zeit auf mehreren Universitäten Anhänger zu werben trachtet, unter der Leitung unbekannter Obern politische Zwecke zu verfolgen scheint, die den bestehenden Regierungen schädlich zu werden drohen und bereits die besondere Aufmerksamkeit mehrerer deutschen Höfe, nahmentlich des Königlich Preußischen, erregt hat, auch in Gießen in Untersuchung gezogen und förmlich aufgehoben und verbothen ist.

Ob Wir nun gleich kaum zweifeln können, daß Euer Excellenzen schon von der Universität Jena her von der Teutonia und der beabsichtigten Versammlung auf der Wartburg unterreichtet seyn werden: so haben Wir dennoch nicht verfehlen wollen, denselben von dem, was deshalb zu Göttingen geschehen ist, hierdurch eine freundschaftliche Communication ergebenst zu thun: wobei Wir den etwa davon zu machenden Gebrauch Eurer Excellenzen eigenem einsichtsvollem Ermessen lediglich anheim stellen.

Wir ergreifen übrigens mit Vergnügen diese Gelegenheit denselben Unsere stete vollkommenste Hochachtung und Dienstgeflissenheit zu bezeugen.

Hannover, den 6ten September 1817.
Königliche Großbritannische Hannoversche
zum Cabinets-Ministerio verordnete
General Gouverneur und Geheime-Räthe,
Brehmer.

An das Großherzoglich-Sächsische Staats-Ministerium zu Weimar
Abschrift

Da in diesem Jahre das Reformations-Jubiläum gefeiert wird, so wünschen wir gewiß mit jedem braven Burschen dieses Fest auch nach Burschen-Brauch zu begehen.

Da in diese Zeit nun auch das Siegesfest der Schlacht bei Leipzig fällt, so ist festgesetzt, daß dieses Fest am 18ten October 1817 auf der Wartburg bei Eisenach gefeiert werden soll.

Es werden dahin Bursche von fast allen deutschen Universitäten Kommen, wodurch dieses Fest um so angenehmer werden wird.

Es wird hierdurch jeder Honette Bursch, der Vergnügen findet, eingeladen, dieses Fest mit zu feiern.

Hugo Kühn (Hrsg.), Das Wartburgfest am 18. Oktober 1817, S. 19–20

»Vortrag« der Regierung zu Weimar bei Großherzog Carl August
über die aus Hannover eingegangene Mitteilung.
Allerunterthänigster Vortrag.
Euer Königliche Hoheit nahe Rückkunft macht uns zur Pflicht, den Inhalt des submissest angefügten Königlich-Hannoverschen Ministerialschreibens zu Höchst Ihrer Kenntnis zu bringen und zu Höchster Schlußfassung ehrerbietig vorzulegen.

Es betrifft einen in den Hörsälen zu Göttingen angeschlagenen Aufruf an die dasigen Studirenden, sich am 18ten October d. J. auf der Wartburg einzufinden, um daselbst im Verein mit Studenten von fast allen deutschen Universitäten das Reformations-Jubiläum und zugleich das Fest der Schlacht bei Leipzig nach Studentenbrauch zu begehen, welchen Anschlag das Königlich-Hannoversche Ministerium mit Hinzufügung argwöhnischer Äußerungen über den tiefer gesuchten Zweck dieser Zusammenkunft, zum beliebigen Gebrauch mittheilt.

Uns erscheint das Vorhaben ganz einfach und ungefährlich und es sind uns bei collegialischer Erwägung der Sache, außer der Unmöglichkeit die Ausführung, ohne Anwendung von Gewalt, welche die traurigsten Folgen haben könnte, zu hindern, mehrere Gründe beygegangen, aus welchen ein solches Verhindern weder angemessen, noch rathsam seyn dürfte.

Es ist nämlich, nach den Worten des Ministerialschreibens keine beglaubigte Anzeige vorhanden, daß die beabsichtigte Zusammenkunft politische Zwecke habe. Auch ist das, was man in anderen Staaten den Umständen nach argwöhnen mag, in Ew. Königliche Hoheit Landen, die eine überall als Muster gepriesene Verfassung beglückt, keinesfalls zu fürchten. Überdies aber ist die Veranlassung der Zusammenkunft gerade auf der Wartburg hinlänglich motivirt und natürlich, ohne daß es nöthig wäre, zu ihrer Erklärung heimliche politische Zwecke anzunehmen, von welchen man hier wenigstens nicht die mindeste Ahnung hat. Endlich dürfte es von bedenklichen Folgen seyn, den Ausbruch jugendlichen Enthusiasmus für an sich löbliche und die allgemeine Zustimmung in die dabey vorwaltenden Zwecke gewaltsam unterdrücken zu wollen, unberechnet den empfindlichen Nachtheil, welchen dergleichen Schritte von hiesiger Seite wohl unfehlbar der so schön wieder aufblühenden Akademie Jena zufügen würden.

Wenn wir daher einmüthig der unvorgreiflichen Meynung sind, daß das Vorhaben der Studirenden, jene beiden erhabenen Feste auf der Wartburg begehen zu wollen, auf keine Weise zu hindern zu versuchen sey: so haben wir selbst für rathsam geachtet, den jungen Leuten bey ihrer Versammlung in sofern Zutrauen zu zeigen, daß sie durch einen kurzen zweckmäßigen Anschlag auf der Wartburg aufgefordert würden, für die Erhaltung guter Ordnung und Ruhe unter ihnen selbst Sorge zu tragen, indem man deshalb öffentliche Maßregeln zu treffen, bey den Gesinnungen, die man bey ihnen voraussetzen zu können glaube, für überflüssig gehalten habe.

Sollten Ew. Königliche Hoheit diese unsere Ansicht gnädigst zu billigen geruhen, so wagen wir die ehrfurchtsvolle Bitte, daß Höchstdieselben die Behörden zu Eisenach mit Höchst Ihren Befehlen über ihr Benehmen überhaupt und insbesondere auch darüber, wie die jungen Leute etwa unterzubringen wären, ob die neuen Zimmer der Wartburg ihnen zu öffnen, ob ihnen zu Anbrennung von Feuern, zu Vermeidung von Holzbeschädigungen etwa eine Anzahl Claftern Scheite zu verabreichen wäre, und sonst versehen möchten.

Eine liberale Behandlung der versammelten Studirenden aus mehrern deutschen Universitäten kann leicht für die Frequenz der Akademie Jena von günstigen Folgen seyn, doch würde dieses die Wachsamkeit auf Excesse jeder Art nicht ausschließen, wobey der Landsturm, ohne ihn förmlich zu Kommandiren, nützlich seyn dürfte.

Ew. Königliche Hoheit alles dieses ehrerbietigst anheimstellend beharren wir in tiefster Verehrung
Ew. Königlichen Hoheit
unterthänigstes Staatsministerium
Voigt, Fh. V. Fritsch, v. Gersdorff.
Weimar,
Den 12. Septemb. 1817.

Hugo Kühn (Hrsg.), Das Wartburgfest am 18. Oktober 1817, S. 21–23

Das Festlied »Die Burschenfahrt nach der Wartburg«
Frisch auf! frisch auf zur Burschenfahrt,
Ihr Jungen und ihr Alten,
Wir wollen hier nach unsrer Art
Den großen Festtag halten.
Heut ist des Doctor Luthers Tag:
Zuerst ein jeder singen mag:
Hoch lebe Doctor Luther!
Zum zweiten leb im Deutschen Land
Jetzt und zu allen Zeiten

Ein jeder wackre Protestant,
Der nimmer scheut zu streiten.
Dreht uns der Papst die Nase nicht,
So giebt's noch manchen Lumpenwicht,
Den wir darnieder schlagen.
Das dritte Hoch! wir rufen's frei
Dir Herzog! hier zu Lande,
Der du dein Wort gelöset treu,
Wie du es gabst zum Pfande.
Verfassung heißt das eine Wort,
Des Volkes und des Thrones Hort!
Herzog August soll leben!
Nun sei ein Lebehoch gebracht
Den Lebenden und den Todten,
Die mit Gesang und Schwert zur Schlacht
Einst Deutschland aufgeboten.
Schill, Blücher, Oels und Gneisenau,
Arndt, Körner, Jahn – wer kann genau
Die Heldennamen zählen!
Auch hat auf diesem alten Thum
Manch flotter Bursch gesessen
Weil gegen den Magnificum
Er sich zu hoch vermessen.
War's aber ein fideles Haus,
Und zog er für die Freiheit aus,
So sei ihm Hoch gerufen!
Zuletzt nun rufet Pereat
Den schuft'gen Schmalzgesellen
Und dreimal Pere-Pereat!
So fahren sie zur Höllen!
Auf! auf! Mein Deutsches Vaterland,
Ihr Brüder reichet euch die Hand
Und schwört: So woll'n wir's halten!

Hugo Kühn (Hrsg.), Das Wartburgfest am 18. Oktober 1817, S. 98–100

Der preußische Wirkliche Geheime Oberregierungsrat von Kamptz denunziert die Wartburgversammlung bei Großherzog Carl August
Durchlauchtigster Großherzog!
Ew. Königl. Hoheit ist es ohne Zweifel bereits bekannt, daß ein Haufen verwilderter Professoren und verführter Studenten am 18ten v. M. auf der Wartburg mehrere Schriften öffentlich verbrannt und dadurch das Geständniß abgelegt haben, daß sie zu ihrer Widerlegung unfähig.

Wenn in Ew. Königl. Hoheit Staaten wahre Denk- und Preßfreiheit wirklich blüht, so ist mit derselben eine, durch Feuer und Mistgabeln, von Schwärmern und Unmündigen geübte Censur und ein terroristisches Verfahren gegen die Denk- und Preßfreiheit in andern Staaten gewiß nicht vereinbarlich, und immer wird es für die Geschichte ein Räthsel bleiben, wie unter Ew. Königl. Hoheit Regierung jene classische Burg, von welcher unter Höchst Ihren Ahnherren deutsche Denkfreiheit und Toleranz ausging, wie der Tag der Feier wiedererlangter deutscher Freiheit, und wie das Andenken an jenen großen und toleranten Mann, ja wie überhaupt unser Jahrhundert und ein deutscher Boden durch einen solchen recht eigentlichen Vandalismus demagogischer Intoleranz so stark entwürdigt und so tief entheiligt werden konnte. Es ziemt mir nicht, gnädiger Herr! über die nothwendigen Folgen solcher Frevel mich zu verbreiten; Eurer Königlichen Hoheit Weisheit liegen sie von selbst klar, auch wenn die Geschichte Frankreichs uns nicht lehrte, daß das Feuer, was zuletzt den Thron ergriff, von dem Scheiterhaufen ausging, welchen ausgelassene Demagogen den für den Thron erschienen Schriften früher bereitet hatten.

Nur die, auch einer meiner Schriften erzeigte Ehre der Theilnahme an diesem in Deutschland zuerst, und bis jetzt, allen in Ew. Königl. Hoheit Lande gefeierten literarischen Auto da fé ist und darf, allein der Gegenstand sein, auf welchen ich mich, wenigstens hier, zu beschränken habe.

Unter den Büchern, durch deren Verbrennung die Helden von der Wartburg darüber, welche Preßfreiheit sie und ihr Anhang eigentlich haben wollen, sich nunmehr so trefflich und unumwunden ausgesprochen haben, befindet sich auch der, von mir vor einigen Jahren herausgegebene Codex der Gendarmerie, von welchem ich Ew. Königl. Hoheit hierbei ein Exemplar unterthänigst überreiche.

Höchstdieselben geruhen, daraus zu ersehen, daß derselbe weiter nichts als eine bloße Sammlung der von den verschiedenen Fürsten, unter denselben auch von Ew. Königl. Hoheit Höchstselbst über die Gendarmerie erlassenen Gesetze ist; Ew. Königl. Hoheit geruhen, darinne Seite 359 bis 369 die von Höchstdenenselben, sowie Seite 277 bis 403 die von Ihnen allerhöchsten und höchsten Agnaten über diesen Gegenstand publicirten Gesetze in extenso abgedruckt zu lesen.

Dieser Codex enthält mithin überall nicht meine Gedanken, nicht meine Grundsätze, ihnen ist also, zu meinem lebhaften Bedauern, die Ehre von Mißbilligung der auf der Wartburg versammelten unreifen Solonen nicht zu Theil geworden.

Vielmehr sind es die Gesetze und die Unterschriften der Könige und übrigen Fürsten, Ew. K. H. eigene Gesetze sind es also, die in Höchst Ihrem eigenen Lande, von Höchst Ihren eigenen Dienern, von Höchst Ihren eigenen Unterthanen öffentlich verbrannt, oder, nach der Absicht jener Feuer-Censoren, öffentlich verhöhnt und beschimpft sind.

Wäre ich nicht Unterthan und Diener eines deutschen Fürsten, wäre ich nicht deutscher Bürger, müßte mir daher nicht die Ehre und Ruhe Deutschland wichtig sein; so könnte ein solche demagogischer Frevel mir persönlich völlig gleichgültig, ja als bloßem Herausgeber des Gendarmerie-Codex, selbst nur angenehm sein, da er die dringenden Nothwendigkeit des Instituts, dessen Gesetze ich sammelte, beweiset und bestätiget.

Meine Vermuthung, daß im Censor-Standrecht auf der Wartburg so manche waren, welchen die öffentliche Ruhe und Ordnung in unseren Staaten ein wahrer Gräuel ist, und welchen es vortheilhafter wäre, wenn, wie in Italien, so auch in Deutschland, der rechtliche Bürger die Sicherheit vor Räubern erst von diesen selbst erkaufen müsse, ist dadurch völlig gerechtfertigt, daß dem auf der Wartburg geschriebenen Brandbriefe, dem in allen deutschen Staaten zuerst in Ew. Königl. Hoheit Lande gestifteten Policey-Collegium zu Hohn, der Entscheidungsgrund angehängt ist, daß es in Deutschland keiner Policey bedürfe.

Ob aber ein solches Verfahren der, von Ew. Königl. Hoheit noch in diesem Jahre öffentlich gebothenen, Achtung für fremde Regenten und mithin auch für ihre Gesetze, angemessen? – ob es ein Merkmal wahrer Denkfreiheit, wahrer Toleranz und wahrer Publicität sei? mit welchen Buchstaben die Geschichte, besonders die Geschichte der deutschen Aufklärung, diesen Frevel in ihren Annalen einst gedenken wird, welcher Gewinn daraus für Kultur, Wissenschaften und gesellschaftliche Ordnung entstehen wird? Diese und so manche andere Fragen hier zu beantworten, verbiethet mir die Ew. Königl. Hoheit schuldige und gewidmete tiefste Verehrung.

Mir ziemt es nur, auf die von mir herausgegebene Sammlung der Gesetze Ew. Königl. Hoheit und der übrigen Regenten mich zu beschränken,

und, da ich mir nicht schmeicheln darf, daß diese Sammlung Ew. K. Hoheit bekannt ist, sie, von jenen ehrerbietigsten Bemerkungen begleitet, Höchstdenenselben in demjenigen unbegränzten Respect zu überreichen, worin ich ersterbe.
Berlin, den 9ten Nov. 1817.
Ew. Königl. Hoheit
unterthänigster
Karl Albert von Kamptz,
Königl. wirklicher Geheimer Oberregierungsrath
und Kammerherr.

Hugo Kühn (Hrsg.), Das Wartburgfest am 18. Oktober 1817, S. 124–127

Aus einem Spitzelbericht für Metternich. Die Reise des österreichischen Polizei-Oberkommissars Sicard nach Thüringen im November und Dezember 1817

Euer Durchlaucht
geruheten mir huldvollst zu gestatten, die auf meiner ämtlichen Sendung nach Sachsen über den Wartburger Studenten-Unfug gemachten Wahrnehmungen unterthänigst überreichen zu dürfen, und ich unterfange mich nun, Euer Durchlaucht ehrfurchtsvoll zu bitten, dieselben gnädigst aufnehmen zu wollen. […]

Es wurde mir hohen Orts befohlen, bey meiner Sendung nach Sachsen mein besonderes Augenmerk und meine Nachforschungen auf folgende wesentliche Punkte zu richten:

1tens. Über das Betragen der k. k. österreichischen Unterthanen in Jena überhaupt und insbesondere bey den Wartburger Feste sind vorzüglich verläßliche Erkundigungen einzuhohlen.

2tens. Alle Umstände der Wartburg-Feyer sind genau zu beleuchten, die Gerüchte zu begründen oder zu entkräften und besonders die Sage über das Verbrennen der Wiener Congreßacte und jener des heiligen Bundes auf den Grund zu sehen, auch alle Flugschriften hierüber zu sammeln.

3tens. Das Augenmerk auch auf die Stimmung in Deutschland zu richten.

[…]

Ich gehe nun auf den 2ten Punkt, nämlich auf das Studentenfest selbst über, und obwohl diese Geschichte hinlänglich bekannt seyn dürfte, so halte ich es nicht für überflüssig, dieselbe nach meinen selbst gemachten Erhebungen zu erzählen.

Schon im verflossenen Jahre hatte sich in mehreren deutschen Burschen, worunter Maßmann aus Berlin, Student in Jena, und Hoffmann aus Rödelheim, Student in Gießen, als Häuptlinge genannt werden, der Gedanke entsponnen, die nächste Reformations-Feyer in Gemeinschaft mit allen deutschen Burschen zu begehen. Sie ersahen sich hierzu die Wartburg nächst Eisenach, welche sie durch den 9monathlichen Aufenthalt des Reformators Luther als einen geheiligten und als den würdigsten Platz erkannte. Dieser Gedanke wurde in Jena weiter verfolgt und berathen, anfänglich wählten sie den 31ten October als den Jahrestag der Reformation, allein da dieser Tag auf allen protestantischen Universitäten selbst mit großer Feyerlichkeit begangen werden sollte, so gab vor allen das Universitäts-Collegium in Jena nicht ihre Zustimmung für diesen Tag, an welchen sie zur Verherrlichung der Feyer ihre Studenten selbst gegenwärtig haben wollten. Man verfiel nun auf den 18ten October, den Jahrestag der Leipziger-Schlacht, welcher ohnedies in ganz Deutschland feyerlichst begangen wird.

Die Jenenser bathen nun förmlich durch das Universitäts-Collegium den Großherzog um die Erlaubniß und um die Einräumung der Wartburg für diesen Tag. Der Großherzog bewilligte nicht nur ihr Ansuchen, er gab auch sogleich Befehl, die alte Burg zu untersuchen, auszubessern und in guten Stand zu setzen.

Mittlerweile hatten die Jenenser an alle deutschen Schulen Einladungsschreiben ergehen lassen, um für diesen Tag aus allen Gegenden Deutschlands die Burschen auf der Wartburg zu versammeln. Sie machten die nöthigen Vorbereitungen, ließen sich eine Fahne stiken, sammelten Lieder und bearbeiteten ihre Anreden.

Hier zeigten sich am thätigsten diejenigen Studenten, welche in den Kriegen von 1813 und 1814 die Feldzüge als Freywillige mitmachten. Füglich kann man die Burschen in zwey Theile scheiden, in jene Freywillige aus der Kriegerkaste und in die übrigen, die erstern sind die eigentlichen wirkenden Ursachen und Leiter, da die letzteren, obwohl sie bey weiten der größere Theil sind, ihren Eindrüken nur blindlings folgen und nur als Werkzeuge angesehen werden können. Die schon Gedienten glauben sich beruffen, ein Wort in der Welt mitzusprechen, und sind die größten Schreyer. Den deutlichsten Beweis giebt hievon das Wartburg-Fest, alle Häuptlinge sind bloß solche Freywillige gewesen, und jetzt noch sind die Vorsteher der Jenaschen Burschenschaft Röder, Scheidler und Müller, welche sich sämmtlich in den Befreyungskriege hervorgetan haben. Nicht verkennen läßt es sich, daß selbst diese wirkenden Burschen nur die Werkzeuge der Turner-Parthey sind, wo die Jahne, Arndte, Friese, Ocken usw. an der Spitze stehen. Man darf z. B. nur die Anrede des Professors Fries, welche in der Beschreibung des großen Burschenfestes, wovon ich ein Exemplar schon ehrfurchtsvoll überreicht habe, betrachten, so kann man den revolutionären Geist, der darin athmet, leicht bemerken. Diese und ähnliche Schriften, mehrere Lieder, waren die Vorläufer des Unfuges, der sich bald auf der Wartburg entwickelte und den die unruhige Parthey auf alle Weise vorzubereiten suchte.

Schon am 15ten October kamen die drey Häuptlinge der Jenenser, Rödiger, Scheidler und Müller, nach Eisenach, um zum Empfange ihrer Gefährten und zur Abhaltung des Festes selbst die nötigen Voranstalten zu machen. Sie nahmen ihren Sitz in dem Gasthause zum Rautenkranze auf dem Marktplatze und ließen sich sogleich in Verhandlungen mit der Local-Behörde ein. Da die Gasthäuser nicht alle aufnehmen konnten, so kamen sie überein, die Burschen militärisch einzuquartieren, daher wurde jeder Bürger aufgefordert zu erklären, wieviele er aufnehmen könne und wolle.

Obwohl die Ankunft der deutschen Burschen, deren Hang zu Excessen allgemein bekannt und selbst gefürchtet wurde, die Eisenacher mit Angst erfüllte, so konnten sie sich doch nicht der Einquartierung entheben, und sie machten Anstalten zu ihrem Empfange, um zu keiner Klage Anlaß zu geben.

Unterdessen waren auch die Zubereitungen auf der Wartburg geendet, es wurde mehrere Wochen daselbst gearbeitet, eine sehr baufällige Mauer neu aufgeführt, alles übertüncht und zum Theil bemahlen. Der große Rittersaal wurde mit Tischen und Bänken, welche ganz neu gezimmert wurden, versehen. Das Zimmer, merkwürdig durch seinen Bewohner, den Reformator Luther, wurde mit einer großen Büste desselben von dem Berliner Künstler Schadow geziert und mit der folgenden Inschrift von den geheimen Rathe Thon, der die Aufsicht auf die Wartburg hat, versehen:

Hier ist's, wo Luther einst, der große deutsche Mann,
Als er zu Worms entging den drohenden Gefahren,
Den Schutzort fand, entführt, um von des Papstes Bann,
Und von des Kaysers Zorn ihn sicher zu bewahren,
Bis ihn dann Carlstadt's Wuth, die durch die Schranken brach,
Zurük nach Sachsen rief, die Heerde selbst zu weiden.
Die Wohnung war zwar schlecht, betrachte das Gemach,
Doch hat es Werth durch ihn, betrett' es, Freund, mit Freuden.

Nebst diesen auf Befehl des Großherzogs geschehenen Anstallten erließ er auch die Verordnung, daß zum Empfang und zur Verpflegung der deutschen Burschen die Behörden alle Sorgfalt tragen sollten, er gieng in seiner Artigkeit so weit, daß er sich für diesen Tag der Polizey begab und seinen Gästen selbst die Handhabung der öffentlichen Ruhe und Sicherheit einräumte.

Der einstweilige Jenenser Ausschuß hatte nun bey Anrükung der Ankunft ihrer Gefährten an alle Thore Eisenachs Verhaltensregeln anheften lassen, welche alle ankommende Burschen nach den Rautenkranze wies, wo [er] sich mit Nahmen, Vaterland und Angabe seiner hohen Schule melden und zugleich den Betrag von 1 fl. 50 Kr. Convetions-Münze oder 5½ Kopfstük (so nennt man nämlich die Zwanziger) erlegen sollte. Vier Kopfstüke waren für das Mittagsmahl auf der Wartburg, eines für die Musik und ½ für eine Fakel bestimmt.

Schon am 16ten abends fiengen die Studenten an, in Eisenach einzuziehen, und so gieng es fort bis den 17ten abends, theils kamen sie auf großen Leiterwagen oder zu Pferde, die meisten aber zu Fuß, die Jenenser kamen 120 auf einmal mit ihrer Fahne, und so wuchs die Zahl auf mehr als 700. Die Ankommenden wurden von den Gegenwärtigen, obwohl sie einander nie gesehen hatten, mit dem Bruderkusse und Handschlage begrüßet. Als die Eisenacher die Burschen aus allen Gegenden Deutschlands so fromm und in stiller Begeisterung herbeyziehen sahen, so fieng schon ihre Furcht zu schwinden an, und als am Abende des 17ten October eine unerwartete Stille und Ruhe in ihren Städtchen herschte, so konnten sie ihrer Verwunderung nicht Worte geben, denn man war gewohnt, sich von den deutschen Burschen, besonders wenn sie von verschiedenen hohen Schulen zusammenkamen, nur Unruhe und Schlägereyen zu erwarten, und die Eisenacher glaubten, ihre Stadt würde wenigstens in Flammen aufgehen.

Den 17ten October abends erschien plötzlich vor den Thoren der Stadt ein k. preußisches Regiment, welches von Frankreich zurükehrte und Einquartierung verlangte, weil es den 18ten in Eisenach Rasttag machen wollte. Ohngeachtet aller Vorstellung der schon bestehenden Studenten-Einquartierung bestand der Obrist auf sein Verlangen und ließ sich endlich nur bewegen, seine Mannschaft vor den Thoren in Bivouacs zu lassen, die Offiziere mußten aber einquartiert werden. Da fand nun mancher seinen alten Cameraden der Schule und des Feldes, und bald waren auch die jungen Offiziere als Brüder der Studenten aufgenommen und nahmen thätigen Antheil an dem ganzen Feste. Allgemein ist die

Vermuthung, daß dieses Regiment absichtlich in Eisenach den Rasttag hielt, weil man sich große tumultuarische Excesse vermuthete. Wenn die preußische Regierung wirklich absichtlich dieses Regiment verweilen ließ, so war es wohl nicht das zwekmäßigste Mittel zur Aufsicht, es konnte ihr, da die Turner-Parthey hier eine große Rolle spielte, nicht entgangen seyn, daß sich die Studenten zur strengen Pflicht gemacht, aller Excesse sich zu enthalten, wenn anders die preußische Regierung ein Augenmerk auf das Treiben der unruhigen Köpfe gerichtet hat.

Früh morgens am 18ten October, der über alle Erwartung von schönen Wetter begünstiget war, verkündigte Glokengeläute die Feyer des Tages, die Burschen strömten auf den Marktplatz, schmükten sich mit Eichenlaub, vertheilten die Lieder und begannen je zwey und zwey, anfänglich zur Bildung der Reyhe um den Marktplatz, dann in einer Linie, ihren Zug auf die Wartburg. (Eine Ansicht dieses merkwürdigen Schlosses habe ich bereits bey meiner Rükunft Euer Durchlaucht gehorsamst überreicht, und ich lege in der Anlage noch eine geschichtliche Beschreibung: Schloß Wartburg, Eisenach 1815, vom geheimen Kammerrath Thon, bey).

An der Spitze des Zuges befand sich der von sämmtlichen Studenten durch Ausschüsse der einzelnen Burschenschaften jeder hohen Schule gewählte Burgvogt Scheidler, dem auch für diesen Tag die von dem Großherzoge eingeräumte Handhabung der Ordnung mit 4 gewählten Burgmannen übertragen wurde, ihm folgte die Fahne, umgeben von den Fahnenschützen. Eine vollstimmige sogenannte türkische Musik begleitete sie bis auf den halben Weg zur Wartburg, welche eine starke halbe Stunde von Eisenach entfernt ist. Der ganze Zug machte nun Halt, um auszuruhen, die Musik gieng aber voraus, um die Ankommenden zu bewillkommen.

Sie zogen nun durch die Thore der alten Burg, welche von großherzoglichen Garden bewacht war, in dem Rittersaale (vide »Schloß Wartburg« Pag. 22. No. 10), welcher festlich mit Eichenkränzen und Blumen-Guirlanden verziert und mit Tischen und Bänken versehen war. Man stimmte nun das bekannte protestantische Lied »Eine feste Burg ist unser Gott«, worauf der Jenenser Riemann aus Ratzeburg eine Rede hielt, welche in der bekannten Beschreibung des großen Burschenfestes abgedruckt ist. Dann folgte die Rede des Professors Fries, welche ebenfalls in der benannten Schrift vorkömmt. Das Lied »Nun dancket alle Gott« beschloß diese Versammlung, welche überdies durch die Professoren aus Jena Herrn Kieser, Schweitzer und Ocken vermehrt wurde. Nach einer kleinen Ruhe, während welcher die Anstalten zum Mittagsmahl gemacht wurden, giengen sie sämtlich zur Tafel im großen Rittersaale. Während dem Gastmahle, welches wieder alles Vermuthen ohne große Tumulte ablief, wurden mehrere Gesundheiten ausgebracht, worunter jene des Großherzogs, der löblichen Turnkunst und ihrer Meister und der deutschen Burschenschaft vorzüglich bemerkt werden dürften.

Gegen zwey Uhr wurde die Tafel aufgehoben, und sämmtliche Bursche zogen auf dem Markte und nach der Kirche, wo das eigentliche Dankfest zum Andenken der Leipziger Schlacht mit einem Gottesdienste feyerlichst begangen wurde, welches jedoch auch ohne der Studentenversammlung stattgefunden haben würde. General-Superintendent v. Nebe hielt die Predigt, welcher die Burschen sämmtlich beywohnten. Nach dem Gottesdienst sammelten sie sich wieder auf dem Markte, wo sich auch der Eisenachsche Landsturm einfand, der gewöhnlich an diesen Tag ausrükte. Hier fiengen sie schon an auszuarten und ihren Frevel zu treiben, sie wiederholten ihre Lebehochs, und die Berlinerburschen mit ihren Landsmanne Maßmann an der Spitze werden sogar beschuldigt, selbst ihren Könige ein Pereat ausgebracht zu haben, weil er ihnen die Constitution verweigert, auch die Gegner der Jahn'schen Parthey, welche sie die Schmalzgesellen nennen, blieben nicht verschont. Nun kam die Turnkunst an die Reyhe, und die Berliner zeigten sich mit ihren Fertigkeiten in mancherley Übungen.

Als der Abend einbrach, versahen sie sich sämmtlich mit Fakeln, bildeten abermahls einen Zug je zwey zu zwey und schlugen den Weg auf den eine halbe Stunde von Eisenach, jedoch gegen Norden liegenden Wartenberg, in gemeinen Leben Wadenberg genannt (vide »Geschichte des Schlosses Wartburg« Pag. 8), welcher der alten Feste gerade gegenüber liegt und beynahe eine Stunde Weges von ihr entfernt ist. Hier waren schon die Freudenfeuer angezündet, wozu der Großherzog aus seinen eigenen Forsten mehr als 30 Klafter Holz angewiesen und es selbst an Ort und Stelle hinfahren ließ. Schon bey diesem Zuge aus der Stadt trugen sie die zum Autodafé bestimmten Bücher und Insignien, vor allem zeichnete sich ein langer, dicker Haarzopf aus. Bey den Feuern, welche in einer Linie auf den Berge brannten, befanden sich Hütten mit Erfrischungen und Getränke, lauter Vorbereitungen, welche deutlich darthun, daß dieser Unfug nicht erst unvermuthet, von einigen Kielern oder Berlinern vorgeschlagen, sondern früher durchdacht worden.

Bey den mittelsten Feuern versammelten sich nun die Burschen, der Jenenser Rödiger tratt hin und hielt eine Rede, welche besonders abgedruckt erschien und wovon ich mir mit Mühe ein Exemplar, obwohl es schon vergriffen war, zu verschaffen wußte, welches ich bereits Euer Durchlaucht ehrfurchtsvoll überreicht habe. Nach geendigter Rede nahm der schongenannte Berliner Maßmann das Wort und sprach die in der Beschreibung des großen Burschenfestes Pag. 22 vorkommenden Wortes, dann schritten sie zur Verbrennung der bekannte Insignien und Schriften, nur ist zu bemerken, daß sie bey letzteren die Zusätze machten: der österreichische Corporalstok, die preußische Schnürbrust und der hessische Patent- und Parade-Zopf. Sie trieben nun ihr Unwesen auf den Bergen bis nach Mitternacht, kehrten dann in ihre Wohnung zurük und gaben weiters zu keiner Klage Anlaß.

Den 19ten morgens um 9 Uhr versammelten sich sämmtliche anwesende Bursche abermahls auf der Wartburg in den großen Rittersaale, wo sie bey verschlossenen Thüren eine Versammlung hielten. Es haben sich über diese von den Burschen gehaltene Versammlung viel Gerüchte und Sagen im Publikum herumgetragen: Man sprach von Verschwörungen, welche nichts weniger als selbst den Großherzog von Weimar zum deutschen Kaiser ausrufen wollte, andere hielten es für eine Versammlung des Tugendbundes, andere wollten einen neuen geheimen Orden errichten lassen usw., ich war daher bemüht, sowohl in Jena als auch in Eisenach mein besonderes Augenmerk hierauf zu richten. Nach allen erhobenen und aus guter Quelle geschöpften Daten beabsichtigte diese Versammlung die Vereinigung aller deutschen Burschen, welche bis nun durch die verschiedenen Landsmannschaften getrennt und oft selbst in blutige Fehden verwikelt waren. Jeder sollte allen geheimen Verbindungen und Orden abschwören, es sollte nur die deutsche Burschenschaft Teutonia bestehen, welche sich über alle Hochschulen Deutschlands erstreken und welche sich durch Einigkeit auszeichnen sollte. Über diesen Gegenstand habe ich mir eine 4 Blätter starke kleine Schrift verschaffen gewußt, welche nirgends im Kaufe erscheint und welche nur in den Händen der Burschen und auf der Wartburg, wo die Castellanin all diese Schriften verwahrt, um sie denen die Wartburg besuchenden Studenten zu zeigen, gesehen habe. Sie enthält in sechs Punkten gleichsam die Statuten der Teutonia, welche mit der Religion innig verwebt aufgestellt werden. Euer Durchlaucht geruheten, es bey meiner Rükunft gnädigst aufzunehmen, es dürfte wegen seiner Seltenheit von einigen Werthe seyn, da es selbst den Herrn Regierungsrathe v. Müller in Leipzig unbekannt war. Sie setzten hier ferners fest, daß alle vorkommenden Streitigkeiten, wenn sie nicht von den Vorstehern, welche jede einzelne Burschenschaft aus ihrer Mite zu wählen haben wird, ausgeglichen werden könne, des nächsten Jahres bey ihrer allgemeinen Versammlung auf der Wartburg geschlichtet werden sollten. Die Duelle, welche oft zu blutigen Scenen erwuchsen, sollten dadurch ganz verbannt werden und nur Einigkeit unter ihnen herrschen.

Nicht ohne viele Stürmen vereinigen sie sich, und auch hier spielten die Burschen aus der Kriegerkaste die Hauptrolle. Hier hielt auch Carové seine gedrukte Rede, und nachdem Rödiger die bekannte, als Grundlage dienende Anrede des Herrn Professors Fries vorgelesen, zeigte auch er sich sehr thätig und suchte die Gemüther zu vereinigen, da einige Halenser, mit welchen Jena in langen Zwistigkeiten lebte, früher ihre Streitigkeiten ausgeglichen haben wollten, bevor sie zur Versöhnung schritten. Sie wurden jedoch überstimmt, alles versöhnte sich, und Rödiger schlug endlich vor, diese Verbrüderung durch eine kirchliche Handlung zu besiegeln und mit ihm das Abendmahl zu nehmen.

Mehr als 200 folgten seinem Vorschlage, und sie begiengen mit einer schwärmerischen Begeisterung diesen kirchlichen Act. Mit den Gesangbüchern der Bürger von Eisenach unter den Armen zogen sie stille und mit einen dieser erhabenen Handlung würdigen Ernste nach der Kirche, nahmen das heilige Abendmahl und erbauten alle Umstehende durch ihr religieuses Benehmen. Augenzeugen erzählten mir, daß sie anfänglich ihren Augen nicht trauen wollten, sie konnten unmöglich in diesen von einen heiligen Eifer ergriffenen Personen die deutschen Burschen erbliken, deren Ruhm sonst in lärmenden Excessen, Mißhandlungen der Nichtstudierenden, Trinkgelagen usw. bestand. Einige, welche darüber mehr dachten, hielten es für Heucheley, allein wenn sie die Andacht, welche sich selbst derer, die nicht das heilige Abendmahl nahmen, bemächtigte, betrachteten, so konnten sie nicht umhin, selbst von Erbauung ergriffen zu werden. Es drang sich aber sogleich die Bemerkung auf, daß diese Begeisterung tief liege und daß sie bey übler Leitung nicht nur bedenklich, sondern sogar gefährlich werden könne.

In dem Laufe des 20ten October verließen die Burschen sämmtlich Eisenach, und sie zogen wieder stille aus allen Thoren ihren Heymathen zu.

[…]

Bis hierher gehen meine Wahrnehmungen über die durch das Wartburger Fest veranlaßten Thatsachen und Eindrücke, und ich erlaube mir nun, einiges über die Stimmung in Deutschland, sowohl in Allgemeinen, als insofern die Vorfälle auf der Wartburg darauf wirkten und die Existenz einer unruhigen, beynahe revolutionairen Parthey außer allen Zweifel setzen, ehrfurchtsvoll vorzulegen.

Es dürfte wohl kein Mißgriff seyn, wenn die Hauptparthey, welche itzt in Deutschland so sichtbar spukt und in ihren Wirkungen am folgenreichsten ist, eigentlich in der sogenannten Turner-Parthey gesucht wird. Als ihre Häuptlinge stehen die Stifter des Turnthums, Jahn, Arndt usw., oben an, die Schaar der Schriftsteller und Journalisten sowie die Professoren schließen sich an sie an. Sie sucht sich vorzüglich der deutschen Jugend zu bemächtigen und gebraucht zu ihren Köder nicht bloß die Turnkunst, auch des Kopfes sucht sie sich durch Schwindeleyen von Deutschheit, Freyheit, Verfassung, Einigkeit usw., und des Herzens durch Religion zu meistern. Schon hat ganz Deutschland bey dem Wartburger Feste hell gesehen, wie mächtig diese Parthey bey der Wahl dieser Mittel und ihrer Anwendung wirken konnte. Deutschland hat ihre Burschen, deren Rohheit und Neigung zu tumultuarischen Excessen sonst allgemein Furcht erregte, in großer Zahl ruhig, und man möchte beynahe sagen, gesittet gesehen. Die heiligsten religieusen Handlungen wurden von ihnen mit einer Andacht begangen, welche beynahe an Schwärmerey grenzte. Eine Verbrüderung aller verschiedenen Landsmannschaften, deren Streitigkeiten oft in blutige Händel ausarteten, wurde ohne viele Mühe erschaffen. Die Abschaffung der Duelle, an welche sonst stäts alle polizeylichen Maaßregeln scheiterten und welche jährlich ihre sichern Opfer heischten, wurde einstimmig festgesetzt und durch die Wahl ihrer Vorsteher ein Richter ihrer Mishelligkeiten aufgestellet. Es läßt sich wohl nicht leugnen, daß diese Wirkungen an sich sehr heilsam sind und selbst für das Ganze sehr wohlthätig wären, wenn man aber bedenkt, daß sie nur die Producte einer Parthey sind, welche nur auf Unordnungen und selbst auf politische Umwälzungen hinzuzielen scheint, so stellen sie sich um so mehr bedenklich dar, als sie sich durch ihre schmeichelnde Außenseite selbst täuschen.

Deutschland hat am 18ten October gesehen, wie dieser fromme Geist, wie dieser einige Sinn der deutschen Burschen bey übler Leitung ausarten könne. Die nämlichen Bursche, welche ihre Rohheit abgelegt, sich anständig betragen und einen hohen Sinn für Religiosität gezeigt haben, trieben ungescheuet Unfuge, deren Folgen in jeder Beziehung unberechenbar seyn konnten. Dies haben sie nicht aus sich selbst geschöpft, sie sind nur die Werkzeuge einer mächtigen Parthey, die im Besitze der Geisteskräfte durch das Geschrey um Constitution und durch eine scheinbare Emporhebung der Religion sich einen großen Anhang verschafft.

Auch die Kriegerkaste, die in Befreyungskriege von Deutschland ihre Kraft kennen lernte und welche sich nun beruffen glaubt, auch ein Wort in der politischen Welt, zu deren Herstellung sie ihr Blut vergossen, mitsprechen, schließt sich an diese mächtige Parthey an, und es ist unverkennbar, daß sie auch bey den Burschenfeste mit großen Erfolg verwendet wurde. Ihr Übergewicht in der öffentlichen Achtung, welche sie durch ihre gemachten Feldzüge über die andern jungen Leute haben, macht sie ihres Einflusses sicher, und ihre Vorschläge erhalten immer Zustimmung.

Ich habe Gelegenheit gehabt, bey meiner Anwesenheit in Jena die Studenten zu beobachten, und ich muß bekennen, daß meine Erwartungen sehr getäuscht waren. Man hatte von jeher mit dem Begriffe einer deutschen Universität auch jenen einer großen Roheit ihre Studenten, ewige Streitigkeiten und Duelle, große Trinkgelage und ungescheute Mißhandlungen aller Nichtstudierenden verbunden. Nun fand ich es ganz anders, eine gewisse Sittsamkeit ist vorherrschend, die Aufstellung der Vorsteher aus ihrer eigenen Mitte verhindert alle Streitigkeiten, und seit den Wartburgerfeste fand kein Duell, welche sonst an der Tagesordnung waren, statt. Der Gedanke der Verbrüderung aller Studenten von allen Hochschulen ist ihr Liebling, so wie sie sonst das Gegentheil, die Verfolgung der fremden Studenten, am meisten beschäftigte. Die Trinkgelage, an welchen sonst der Bursche nur seinen Ruhm zu erreichen glaubte, sind verschwunden. Selbst die Professoren rühmen ihren vermehrten Fleiß und Verwendung, und sie erfreuen sich über die Umänderung. Es sind itzt über 700 Studenten in Jena, und die Bürger versichern allgemein, daß Jena nie so ruhig gewesen als in diesen Augenblike, daß es sonst bey einer Zahl von 300 viel stürmischer und unruhiger herging.

Ich erlaube mir, hier einige Thatsachen aufzuführen, welche als Belege dieser Veränderung des sittlichen Zustandes der Studenten dienen dürften. An dem Tage der Reformations-Feyer, am 31ten October v. J., fand in Jena eine große Tafel statt, zu welcher nebst den Prorector Starke und den Decanen auch 36 Stundenten geladen waren. Der Justiz-President Kammerherr v. Klisear, aus dessen Munde ich diese Erzählung habe, war auch dabey gegenwärtig, und er konnte seine Verwunderung über das Betragen der Studenten, welches gegen jenes bey den vorjährigen Festen so sehr abstach, nicht genug ausdrüken. Bey solchen Schmausen, denen die Academiker beywohnten, fehlte es nie an rohen Ausbrüchen der Burschenjugend, und der unmäßig genossene Wein spielte gewöhnlich die stärkste Rolle. Bey den heurigen Feste betrugen sie sich ordentlich, und bey keinen bemerkte man einen Ausbruch von Rohheit oder von Übergenuß des Weines. Während der Tafel baten die Vorsteher der Jenaer Studenten, die bekannten Rödiger, Scheidler und Müller, dem

Prorector um Erlaubniß mit vielen Anstande, ob sie nicht singen dürften, da sie ehemals ohne Umstände anfiengen. Sie sangen einige von den berüchtigten Wartburger Liedern, jedoch mit einer gewissen Feyerlichkeit und Rührung, ohne in Schreyen auszuarten. Nach der Tafel traten die Vorsteher zu den Prorector, dankten ihm für seine erwiesene Gnade und setzten hinzu, daß sie sich durch nichts erkenntlicher für seine Güte bezeugen könnten, als durch ein sittliches und untadelhaftes Betragen aller Academiker. Starke ergriff auch diesen Moment und ließ sich von ihnen das feyerliche Versprechen geben, daß sie ihm für das sittliche Betragen aller ihrer Gefährten verantwortlich seyn würden.

Der Erzähler hatte sich kaum von seinen Erstaunen erhohlt, als er bemerkte, daß 14-15 Studenten den Consistorial-Rath und Professor v. Danz umringt hielten, ihn bey den Händen faßten und sehr lebhaft mit ihm sprachen. Er glaubte anfangs, sie wollten mit dem alten Manne ihren Scherz treiben, aber bald überzeugte er sich, daß sie ihm feyerlichst dankten, ihm versicherten, sie würden die Lehren der Religion, die er ihnen vorgetragen, nie vergessen. Sie küssten ihm dabey die Hände, so daß der alte Mann Thränen vergoß. Der Erzähler setzte hinzu, daß er auch einmal Bursche gewesen, aber dieses Betragen habe er nie gesehen. Er lobte dieses Benehmen, setzte aber hinzu, daß dieser Geist, der sich so schön äußere, auch unter übler Leitung verderblich werden könnte.

Eine zweyte Thatsache ist folgende: Bekanntlich haben die Studenten auch Kotzebues Geschichte der Deutschen auf der Wartburg verbrannt, darüber fand er sich höchlich beleidigt, und er sucht sich in seinen litterarischen Wochenblatte öffentlich zu vertheidigen. Bald darauf sollen ihm seine Fenster eingeworfen worden seyn, und er säumte nicht, diesen Frevel den Burschen zuzumuthen und öffentlich bekannt zu machen. Der schongenannte Justiz-President, welcher dieses erfahren und seinen Unwillen darüber nicht verbergen konnte, warf es selbst in Jena in mehreren Zirkeln hin, es wäre ein großer Beweis von Ausgelassenheit, solchen Frevel auszuüben, und selbst der Großherzog wäre darüber sehr ungehalten. Bald erschienen aber bey ihm die die drey Vorsteher und erklärten im Nahmen aller Studenten, daß sie die Fenster nicht eingeworfen hätten und daß es sie sehr bekümmere, wenn solche üble Meinung von ihnen gehalten werde. Sie bathen ihn daher, diese Sache nach seiner Ansicht auszugleichen. Da Herr v. Kotzebue dieser Schritt bekannt wurde, wiederrief er in seinen litterarischen Wochenblatte seine Anklage, und allgemein war auch die Meinung, daß seine eingeworfenen Fenster von ihm erfunden waren.

Wenn die Verbesserung des sittlichen Zustandes der deutschen Burschen an sich lobenswerth ist, so kann man doch nicht leugnen, daß er selbst bedenklich erscheint, weil er nicht das Werk einer vorgerükten Bildung, sondern die Wirkung einer Parthey ist, die wohl mit dem Tugendbunde eins und dasselbe seyn dürfte wund welche sich die deutsche Jugend zu ihren Werkzeuge bilden will. Die Gewinnung einer künftigen Generation zu ihren Zweke ist das Ziel ihres Strebens, und es fällt wohl in die Augen, daß sie durch die Bildung der Teutonia, welche die ganz studierende Jugend, die Pflanzschule der künftigen Lehrer, Beamten, Priester usw. umfaßt, hier einen großen, bedeutenden Schritt gemacht haben dürfte. Sie will einen Umsturz des itzigen Zustandes von Deutschland hervorbringen, sie wollen nur ein Haupt, sie wollen nur ein Reich. Da haben sie sich nun Jena als ihre Haupt-Werkstatt ausersehen, dort begünstigt sie die Preßfreyheit, durch welche sie ihr Gift überall ausbreiten können. Die Constitution, nach welcher sie schreyen, ist die Fahne, sie geht überall voran, durch sie suchen sie die Völker zu gewinnen.

Unfehlbar ist in Preußen die Zahl ihrer Anhänger am bedeutensten, dort hat die Nation durch die allgemeine Bewaffnung ihre Kraft kennen gelernt, und sie glauben, als Belohnung ihrer Aufopferung die versprochene Verfassung verlangen zu können. In Sachsen ist die National-Ehre beleidigt, und sowohl im Königreiche als in den von Preußen abgerissenen Theilen herrscht eine Unzufriedenheit und ein zurükgehaltener Grimm über die erlittene Schmach. Auch das benachbarte Hessen ist ihren Churfürsten nicht am geneigtesten, und es ist genug gesagt, wenn sie ihren König, den Napoleoniden, sich zurükwünschen. Der Geitz ihres Fürsten und die Sucht, alles Alte, was der Geist der Zeit schon längst verworfen, wieder hervorzusuchen, macht ihn beynahe verhaßt. Der den Soldaten beynahe zu eine Carricatur schaffende Zopf ist ein kleines Beyspiel. Ich will nicht erwähnen, daß er Millionen aufhäuft und sie an die Russen leyht, indessen seine Offiziere bey kargen Solde darben und das Steknadelgeld der Churfürstin als Allmosen annehmen müssen. Das Treiben der unruhigen Parthey, besonders in Würtenberg, darf wohl nicht erwähnt werden.

Zwischen allen diesen Staaten liegt nun das Großherzogthum Weimar mit seinen 200 000 Seelen mitten als ein wahrer Gährungsstoff drinnen, seine ständische representative Verfassung, ihr lächerliches Rühmen, daß hier keine stehenden Truppen lasten, ihre Preßfreyheit sind lauter Reizmittel, welche von den Unruhestiftern benützt werden. Hier suchen die Journalisten ihren politischen Kram an den Mann zu bringen und sehen sich schon als Gesetzgeber an, obwohl sie die Erfahrung machten, daß sie oft ihr aus 20 Schülern bestehendes Auditorium nicht im Zaune halten konnten.

Willy Flach, Ein Polizeiagent Metternichs bei Goethe. Eine unbekannte Quelle zum Wartburgfest, in: Festschrift für Wolfgang Vulpius, Weimar 1957, S. 12–28

Aus den »Grundsätzen und Beschlüssen des achtzehnten Oktober«
1. Ein Deutschland ist, und ein Deutschland soll sein und bleiben. […]
5. Die Lehre von der Spaltung Deutschlands in Norddeutschland und Süddeutschland ist irrig, falsch, verrucht. Es ist eine Lehre, von einem bösen Feinde ausgegangen. Norddeutschland und Süddeutschland sind nicht verschiedener als Nordfrankreich und Südfrankreich. […]
6. Die Lehre von der Spaltung Deutschlands in das katholische und in das protestantische Deutschland ist irrig, falsch und unglückselig. […]
9. Wenn ein deutscher Staat von einer fremden Macht angegriffen wird, so wird Deutschland angegriffen, denn jeder Staat ist ein Teil Deutschlands. […]
10. Deutschland kann vor der großen Macht fremder Staaten nur durch die Landwehr geschützt werden, die sich im Fall der Not als Landsturm erhebt. Stehende Heere können große Siege erfechten, aber feste Sicherheit kann ein Staat nur in seinen Bürgern finden. […]
11. […] Das Verbot oder die Erschwerung des Auswanderns von einem deutschen Lande ins andere, Mauten, Zölle und Handelssperren zwischen deutschen Ländern, Verschiedenheiten in Maß, Gewicht, Münze (ihrem Gehalt nach und ihrer Bestimmung): alle diese Dinge schaden der Ehre Deutschlands bei den Fremden, sind in sich selbst verderblich für den Geist unsers Volks, quälen den einzelnen und bringen ihn zu Verlust und Schaden.
12. […] Der Deutsche Bund aber, welchen die souveränen Fürsten und Freien Städte Deutschlands miteinander abgeschlossen, und dessen Urkunde sie geschrieben haben, ist in Ehren zu halten als ein großes Gut, weil er auf den heiligen ungeschriebenen deutschen Bund hinweist, der uns alle einigen soll. […]
15. Die Fürstenwürde ist das Erhabenste auf Erden und darum für das Heiligste zu ehren und zu achten; denn sie stellt die Einheit des Bürgers und des Staates dar. […]
Sie soll das heilige Eigentum einer Familie sein, damit alles Eigentum

aller andern Familien zweifach und dreifach heilig sei. [...]
16. Der Wille des Fürsten ist nicht das Gesetz des Volkes, sondern das Gesetz des Volkes soll der Wille des Fürsten sein. [...]
18. Es ist Hochverrat, wenn ein Minister sich hinter den Befehl des Fürsten zu verstecken sucht, um der Verantwortlichkeit zu entgehen: denn er wälzt den Haß des Volkes auf den Fürsten, der heilig ist. Es ist Hochverrat, wenn ein Minister dem Fürsten rät, das Gesetz nicht zu beobachten. Ein Gewaltschritt des Fürsten ist ein Verbrechen des Ministers.
19. Freiheit und Gleichheit ist das Höchste, wonach wir zu streben haben, und wonach zu streben kein frommer und ehrlicher deutscher Mann jemals aufhören kann. Aber es gibt keine Freiheit als in dem Gesetz und durch das Gesetz, und keine Gleichheit als mit dem Gesetz und vor dem Gesetz. Wo kein Gesetz ist, da ist keine Freiheit, sondern Herrschaft, Willkür, Despotismus. Wo kein Gesetz ist, da ist keine Gleichheit, sondern Gewalttat, Unterwerfung, Sklaverei.
20. Gesetze sind keine Verordnungen und Vorschriften; Gesetze müssen von denen ausgehen oder angenommen werden, welche nach denselben leben sollen, und wo ein Fürst ist, die Bestätigung des Fürsten erhalten. Alle Gesetze haben die Freiheit der Person und die Sicherheit des Eigentums zum Gegenstande. Ein freier Mann kann nur gerichtet werden nach Satzungen, die er selbst als richtig und notwendig anerkannt hat. [...] Ebenso kann einem freien Manne von seinem Besitz nur das abgefordert werden, was er selbst bewilligt oder zu geben versprochen hat. Wo ein anderer ihm nehmen kann, was er will, wann er will, soviel er will, da herrscht die Gewalt. [...]
24. Der 13te Artikel der Urkunde des Deutschen Bundes: »In allen Bundesstaaten wird eine landständische Verfassung Statt finden« enthält die feierliche Bestimmung, daß in keinem deutschen Staate die Willkür herrschen soll, sondern das Gesetz. Der 13te Artikel kann keinen andern Sinn haben, als daß das deutsche Volk durch frei gewählte, und aus seiner Mitte frei gewählte Vertreter unter der Sanktion der deutschen Fürsten seine Verhältnisse ordnen, die Gesetze beschließen, die Abgaben bewilligen soll. [...]
25. [...] Jeder, von welchem der Staat Bürgerpflichten fordert, muß auch Bürgerrechte haben. Wer dem Feinde gegenüber als Mann stehen, bluten und sterben soll, der darf auch in der Versammlung der Bürger als Mann stehen, gelten, sprechen. [...)
28. Das erste und heiligste Menschenrecht, unverlierbar und unver-

äußerlich, ist die persönliche Freiheit. Die Leibeigenschaft ist das Ungerechteste und Verabscheuungswürdigste, ein Greuel vor Gott und jedem guten Menschen. [...]

29. Die Leibeigenschaft ist aber nicht damit zu endigen, daß man sie etwa für aufgehoben erklärt: eine Ungerechtigkeit kann durch eine andere, vielleicht größere Ungerechtigkeit nicht gut gemacht werden. Den Leibeigenen muß in der verkündeten Freiheit keine Sklaverei erwachsen. Der Mensch ist nur frei, wenn er auch Mittel hat, sich selbst nach eigenen Zwecken zu bestimmen. An solchen Mitteln ist die Welt für alle Menschen reich genug. [...]

31. Das Recht, in freier Rede und Schrift seine Meinung über öffentliche Angelegenheiten zu äußern, ist ein unveräußerliches Recht jedes Staatsbürgers, daß ihm unter allen Umständen zustehen muß. Dieses Recht muß das Wahlrecht des Bürgers ergänzen, wenn er die reelle Freiheit behalten soll. [...]

32. Überhaupt sind öffentliche Gerichtspflege und das Geschworenengericht in peinlichen Fällen die sicherste Bürgschaft für die gerechte Verwaltung des Rechts. Darum ist ihre Einführung zu erwünschen und zu erstreben. [...]

35. Es ist die Pflicht jedes frommen und ehrlichen Mannes und Jünglings, die Reinheit der deutschen Sprache, die Ehrbarkeit der deutschen Sitten, die Eigentümlichkeit der deutschen Bräuche und überhaupt alles dasjenige zu fördern und zu unterstützen, was Deutschland groß und stark, das deutsche Volk achtungswürdig und ehrenwert, den deutschen Namen rühmlich, jeden einzelnen Deutschen gebildeter und edler machen kann. Es ist aber auch die Pflicht jedes frommen und ehrlichen deutschen Mannes und Jünglings, alles dasjenige, was die Gemüter dem Vaterlande entfremden, was das Ausländische erhalten, nähren und mehren, was die Seele für die heiligsten Gefühle der Freiheit und Gleichheit des Vaterlands abstumpfen könne, aus Leben und Sprache auszutilgen.

Heinrich Ehrentreich, Heinrich Luden und sein Einfluß auf die Burschenschaft, in: Herman Haupt (Hrsg.), Quellen und Darstellungen zur Geschichte der Burschenschaft und der deutschen Einigungsbewegung, Bd. 4, Heidelberg 1913, S. 113–126

XII. Zeittafel

1789
14. Juli — Sturm auf die Bastille, Beginn der Französischen Revolution.

1799
9./10. Nov. — Napoleon Bonaparte errichtet seine Militärdiktatur.

1804
18. März — Napoleon macht sich zum »Kaiser der Franzosen«.

1806
12. Juli — 16 west- und süddeutsche Fürsten gründen den Rheinbund, der unter der Vorherrschaft Frankreichs steht.
14. Oktober — Napoleon und sein Marschall Davout bereiten in der Schlacht bei Jena und Auerstedt der preußischen und sächsischen Armee eine verheerende Niederlage.

1807
3. Oktober — Freiherr vom Stein wird zum leitenden Minister Preußens berufen.

1812
24. Juni — Napoleons »Große Armee« marschiert in Rußland ein.
30. Dezember — Der preußische General von Yorck schließt mit dem russischen General von Diebitsch die Konvention von Tauroggen und trennt sich mit seinem Korps von der französischen Armee.

1813
16. März — Preußen erklärt Frankreich den Krieg.
16.–19. Oktober — In der Völkerschlacht bei Leipzig erringen russische, preußische, österreichische und schwedische Truppen den entscheidenden Sieg über Napoleon.

1814

31. März	Einmarsch der Verbündeten in Paris.
3. April	Absetzung Napoleons.
18. September –9. Juni (1815)	Auf dem Wiener Kongreß ordnen die Vertreter der Großmächte Rußland, Großbritannien, Österreich, Preußen und Frankreich die Verhältnisse Europas und speziell Deutschlands neu. Sie sind bestrebt, die vor 1789 bestehende Ordnung zu restaurieren. Gleichzeitig schaffen sie eine Friedensordnung, die mehrere Jahrzehnte lang Bestand hat.
18. Oktober	In weiten Teilen Deutschlands finden Feiern zum Jahrestag der Völkerschlacht bei Leipzig statt.
1. November	In Halle wird die studentische Vereinigung »Teutonia« gegründet.

1815

1. März	Napoleon kehrt nach Frankreich zurück.
20. März	Napoleon zieht in Paris ein. Beginn seiner Herrschaft der »Hundert Tage«.
12. Juni	Gründung der Jenaischen Burschenschaft.
16. Juni	Napoleon besiegt in der Schlacht bei Ligny die preußische Armee.
18. Juni	Napoleon wird in der Schlacht bei Waterloo von den Truppen der Marschälle Wellington und Blücher besiegt.
8. Oktober	Auflösung des Hoffmannschen Bundes.

1817

11. August	Der Student Robert Wesselhoeft verschickt die Einladung der Jenaischen Burschenschaft zu einem gesamtdeutschen Studententreffen auf der Wartburg.
18./19. Oktober	Das Wartburgfest, an dem etwa 500 Studenten teilnehmen.
Winter	Unter der Anleitung des Professors Heinrich Luden verfassen die Studenten Heinrich Hermann Riemann und Karl Müller die »Grundsätze und Beschlüsse des 18. Oktober«.

1818

29. September –21. November	Kongreß der »Heiligen Allianz« in Aachen.
10.–19. Oktober	Auf dem Burschenbundestag in Jena wird die Allgemeine deutsche Studentenschaft gegründet.

1819

23. März	Der Burschenschafter Carl Ludwig Sand ermordet den Literaten August von Kotzebue, der als russischer Spion gilt.
20. September	Auf Betreiben des österreichischen Staatskanzlers Clemens Fürst von Metternich bestätigt der Bundestag in Frankfurt am Main die »Karlsbader Beschlüsse« – vier Ausnahmegesetze, die sich insbesondere gegen die Burschenschaft richten. Die Burschenschaft wird verboten, und es beginnen die »Demagogenverfolgungen«.

1820

20. Mai	Der Attentäter Sand wird hingerichtet.

1832

27. Mai	Am Hambacher Schloß bei Neustadt an der Haardt in der bayerischen Pfalz demonstrieren 30.000 Menschen für demokratische Rechte und die nationale Einigung Deutschlands.

1833

3. April	In Frankfurt am Main erstürmen 50 Verschwörer, darunter 40 Burschenschafter, die Hauptwache der Polizei und die Konstablerwache.

1836

4. August	Das Berliner Kammergericht verurteilt 39 Studenten, darunter den späteren Schriftsteller Fritz Reuter, wegen ihrer Zugehörigkeit zur Burschenschaft zum Tode. Die Urteile werden allerdings nicht vollstreckt, und 1840 werden die Verurteilten amnestiert.

1848
März   Ausbruch der Revolution in Wien und Berlin.
Anfang Mai   In ganz Deutschland werden auf der Basis des allgemeinen Wahlrechts (für Männer) die Abgeordneten einer Nationalversammlung gewählt.
18. Mai   In der Frankfurter Pauskirche wird die Nationalversammlung feierlich eröffnet. Von den 809 Abgeordneten (einschließlich der Stellvertreter) sind etwa 160 alte Burschenschafter.
19. Mai   Der hessische Liberale Heinrich Freiherr von Gagern, der 1818/19 Sprecher der Jenaischen Burschenschaft gewesen war, wird zum Präsidenten der Nationalversammlung gewählt.

1849
27. März   Die Nationalversammlung nimmt die Reichsverfassung, die erste demokratische Verfassung Deutschlands, an.

XII. Kleines Lexikon zum Wartburgfest und zur Burschenschaft

Arndt, Ernst Moritz (1769–1860)
Schriftsteller und Historiker. Studierte seit 1791 in Greifswald, dann in Jena evangelische Theologie, Philologie und Geschichte, 1806 Professor. Wurde zu einem Repräsentanten der antinapoleonischen Nationalbewegung. Ging 1812 als Mitarbeiter des Freiherrn vom Stein nach St. Petersburg. Durch mobilisierende Flugschriften und Lieder wurde er zum populärsten Publizisten und Dichter der Befreiungskriege. Forderte nach den Kriegen die staatliche Einigung Deutschlands und die Pressefreiheit. War auch Deutschtümler und Judengegner. Regte an, künftig am 18. Oktober den Jahrestag der Völkerschlacht bei Leipzig als Nationalfest zu feiern. 1818 in Bonn als Professor der Geschichte berufen, 1820 im Zuge der »Demagogenverfolgungen« entlassen. Die »Central-Untersuchungs-Commission« in Mainz rechnete ihn zu den intellektuellen Urhebern der revolutionären Bewegung. Erst 1840 rehabilitiert. 1848 Abgeordneter der Frankfurter Nationalversammlung.

Bursche
Um 1800 bezeichneten die Studenten sich selbst als »Burschen«.

Burschenschaft
Um 1800 bezeichnete sich die Studentenschaft einer Universität als »Burschenschaft«. In ihrer Denkschrift »Ordnung und Einrichtung der Burschenschaften« vom Jahre 1811 gaben Friedrich Ludwig Jahn und Karl Friedrich Friesen dem Begriff »Burschenschaften« eine unitarische und patriotische Bedeutung gegenüber dem Partikularismus der Landsmannschaften.

Burschenschafter
Bezeichnung für Angehörige der Burschenschaft, falsch: Burschenschaftler.

Carl August, Herzog, seit 1815 Großherzog von Sachsen-Weimar und Eisenach (1757–1828)
Übernahm 1775 die Regierung und berief Goethe nach Weimar. Befehligte 1806 die Avantgarde der preußischen Armee, die aber nicht an der Schlacht bei Jena und Auerstedt teilnahm. Mußte Ende 1806 in den Rheinbund eintreten, dessen »Protektor« Napoleon war. Napoleon mißtraute ihm zutiefst, ließ seine Korrespondenz vom französischen Geheimdienst überwachen und bezeichnete ihn als den »unruhigsten Fürsten in ganz Europa«. Gewährte seinem Land 1816 eine Verfassung, durch die die Pressefreiheit eingeführt wurde. Genehmigte den Studenten das Wartburgfest und wurde danach von den Regierenden in Wien, St. Petersburg und Berlin massiv unter Druck gesetzt. War wohl der populärste deutsche Fürst seiner Zeit.

Carové, Friedrich Wilhelm (1789–1852)
Studierte seit 1806 an der französischen Rechtsschule in Koblenz. Seit 1811 Zollkontrolleur. Studierte seit 1816 in Heidelberg bei Georg Wilhelm Friedrich Hegel Philosophie. 1817 »Sprecher« (Vorsitzender) der Heidelberger Burschenschaft. War einer der wenigen katholischen Teilnehmer am Wartburgfest. Hauptredner am 19. Oktober 1817. Würdigte in seiner Rede, daß die »Ideen von bürgerlicher Freiheit« 1789 aus Frankreich gekommen waren. 1819 Privatdozent in Breslau. Wegen seiner Vergangenheit (»Wartburgredner«) nicht zum Professor berufen. 1848 Mitglied des Frankfurter Vorparlaments.

Comment (auch: Komment)
Regeln für die Verhaltensweisen und den Umgang der Studenten.

Convent (auch: Konvent)
Das Leitungsgremium einer Landsmannschaft, bestand aus dem Senior (Sprecher), dem Konsenior und weiteren »Charchierten«. Die Convente aller Landsmannschaften einer Universität bildeten den Seniorenconvent (S. C.).

»Demagogenverfolgungen«
Zusammenfassende Bezeichnung für die Verfolgung der als »Demagogen« verunglimpften Akteure der nationalen und liberalen Bewegung durch den Deutschen Bund und die deutschen Einzelstaaten. Sie begannen 1819 und endeten 1848 und richteten sich insbesondere gegen die Burschenschaft und die Turnbewegung.

Dürre, Christian Eduard Leopold (1796–1879)
Studierte in Berlin und Jena Theologie. 1814 Lützower Jäger. Schüler und Freund Jahns. Teilnehmer am Wartburgfest und wohl auch dessen Anreger. 1820–1825 immer wieder verhört. Aus dem preußischen Schuldienst ausgeschlossen. Mitbegründer des neueren Turnwesens in Deutschland.

»Fink«
(»Einsamer«) Bezeichnung für einen Studenten, der keiner Landsmannschaft angehört.

Follen (Follenius), August Adolf Ludwig
Bruder von Karl Follen. Studierte seit 1811 in Gießen Theologie und Philosophie, seit 1815 in Heidelberg Rechtswissenschaft. 1814 freiwilliger hessischer Jäger. 1814 in Gießen Mitbegründer der »Teutschen Lesegesellschaft« (Teutonia). Entwarf 1817/18 »Grundzüge über eine künftige Reichsverfassung«. 1819–1821 in der Berliner Hausvogtei in Haft. Emigrierte 1821 in die Schweiz. 1822–1827 an der Kantonsschule Aargau Professor für deutsche Sprache und Literatur. 1823 vom Oberlandesgericht Breslau in Abwesenheit zu 10 Jahren Festungshaft verurteilt. 1830–1847 in Zürich. Bot 1848 auf seinem Wohnsitz Liebenfels (Thurgau) zahlreichen deutschen politischen Flüchtlingen Asyl.

Follen (Follenius), Karl Theodor Christian (1796–1840)
Bruder von August Adolf Ludwig Follen. Studierte seit 1813 in Gießen Rechtswissenschaft. 1814 Kriegsfreiwilliger. Anhänger der Turnbewegung Jahns. Stand in fester Verbindung zum Hoffmannschen Bund. Gründete 1814 in Gießen mit seinem Bruder eine »Teutonische Lesegesellschaft«. Von den Ideen der Französischen Revolution beeinflußt. Forderte die Errichtung einer unitarischen deutschen Republik. Führende Figur der Linken innerhalb der Burschenschaften, die wegen ihrer »altdeutschen« Tracht »Schwarze« genannt wurden. Rief schließlich zur Revolution und zum «Tyrannenmord" auf. Musste Gießen verlassen. Fries verschaffte ihm in Jena eine juristische Privatdozentur. Musste nach der Ermordung Kotzebues durch seinen Vertrauten Sand 1820 nach Frankreich fliehen. Emigrierte 1824 in die USA. Seit 1825 an der Harvard-Universität in Cambridge Professor für deutsche Sprache und Literatur. Verlor seine Professur, weil er sich energisch für die Abschaffung der Sklaverei einsetzte. Starb bei einem Schiffsunglück.

Fries, Jakob Friedrich (1773–1843)
Philosoph. Studierte seit 1795 in Leipzig Rechtswissenschaft, bald darauf Philosophie, dann in Jena Philosophie. 1805 außerordentlicher Professor in Jena, im gleichen Jahr ordentlicher Professor in Heidelberg. Wechselte 1816 nach Jena. Entwickelte in Heidelberg eine »Tugend- und Sittenlehre«, die er dann in Jena in seinen Vorlesungen vertrat. War auch Deutschtümler und Judengegner. Wurde in Jena zum einflußreichsten Mentor der Burschenschaft. Zu seinen Anhängern zählten Dürre, Maßmann, Riemann, Sand, Scheidler und Wesselhoeft. Nahm am Wartburgfest teil. 1819 auf Aufforderung der Mainzer »Central-Untersuchungs-Commission« suspendiert, wobei sein Gehalt weiter gezahlt wurde. 1824 erhielt er wieder eine Professur – nicht für Philosophie, sondern für Mathematik und Physik. Durfte erst ab 1837 wieder Philosophie lehren.

Fuchs (auch: Fux)
Student der ersten beiden Semester, der noch nicht die vollen Rechte eines Mitglieds einer Verbindung besaß. In den Landsmannschaften konnten die Füchse bei den Trinkgelagen von den Burschen schikaniert werden. Sie konnten auch genötigt werden, diesen Geld, Kleidung und Bücher zu überlassen.

Gagern, Heinrich Wilhelm August Reichsfreiherr von (1799–1880)
Liberaler Politiker. Besuchte seit 1812 die Kadettenanstalt in München. Nahm als nassau-weilburgischer Seconde-Leutnant an der Schlacht bei Waterloo teil. Studierte danach in Heidelberg, Göttingen, Jena und Genf Rechtswissenschaft. 1818/19 Sprecher der Jenaischen Burschenschaft. Seit 1821 im hessen-darmstädtischen Staatsdienst, seit 1832 Führer der liberalen Opposition im hessen-darmstädtischen Landtag. Am 19. Mai 1848 mit überwältigender Mehrheit zum Präsidenten der Frankfurter Nationalversammlung gewählt.

Dezember 1848 bis Mai 1849 Vorsitzender des Reichsministeriums, Minister des Auswärtigen und des Inneren. 1864–1872 großherzoglich-hessischer Gesandter in Wien.

Hoffmann, Karl (1770–1829)
Landrichter in Rödelsheim bei Frankfurt am Main. In den Deutschen Gesellschaften aktiv. Bildete 1814/15 den »Deutschen Bund«, der auch »Hoffmannscher Bund« genannt wurde und die nationale Einigung Deutschlands unter preußischer Hegemonie und die Einführung liberaler Verfassungen anstrebte. Veröffentlichte 1815 einen umfangreichen Bericht über die Feiern zum Jahrestag der Völkerschlacht am 18. Oktober 1814. Die studentischen Organisatoren des Wartburgfestes orientierten sich an diesem Buch. Nach dem Abschluß der Heiligen Allianz zwischen Rußland, Österreich und Preußen wurde der Hoffmannsche Bund am 8. Oktober 1815 aufgelöst. H. wurde 1820/21 von der Central-Untersuchungs-Commission verfolgt. Beging Selbstmord.

Horn, Karl Otto Albert (1794–1879)
Studierte seit 1812 in Jena evangelische Theologie und Philosophie. 1813 Lützower Jäger. In Jena letzter Senior der Landsmannschaft Vandalia. 1815 Mitbegründer und erster »Sprecher« (Vorsitzender) der Jenaischen Burschaft. Seit 1819 Prorektor am Gymnasium zu Friedland/Mecklenburg, seit 1826 Pfarrer in Badresch/Mecklenburg.

Jahn, Friedrich Ludwig (1778–1852)
Studierte Theologie, Geschichte und Germanistik. Seit 1809 Lehrer an Berliner Gymnasien. Gründete 1810 mit Karl Friedrich Friesen den patriotischen »Deutschen Bund«. Errichtete 1811 in Berlin den ersten Turnplatz und begründete die Turnbewegung (deshalb »Turnvater Jahn« genannt). 1813 Bataillonskommandeur im Freikorps Lützow. Forderte die Einigung Deutschlands und bürgerliche Freiheitsrechte, war aber auch ein Deutschtümler und Judenfeind. Übte auf die Burschenschaft starken Einfluß aus. Wurde 1819 im Zuge der »Demagogenverfolgungen« verhaftet und bis 1825 gefangen gehalten. Nach Freyburg an der Unstrut zwangsverwiesen und dort bis 1841 unter Polizeiaufsicht gestellt.

Kamptz, Karl von (1769–1849)
Reaktionärer preußischer Politiker. Nach dem Studium der Rechtswissenschaft in verschiedenen norddeutschen Staaten im Justizdienst tätig. Seit 1804 preußischer Vertreter beim Reichskammergericht in Wetzlar. Seit 1812 im preußischen Innenministerium Vortragender Rat im Polizeidepartement, seit 1817 Direktor im Polizeiministerium. Führender Vertreter der reformfeindlichen, reaktionären Kräfte in der hohen Beamtenschaft Preußens.

Kieser, Dietrich Georg von (1779–1862)
Mediziner und Psychiater. Studierte Medizin in Göttingen. 1812 in Jena zum

außerordentlichen Professor der Pathologie berufen, 1824 zum ordentlichen Professor der Medizin. Nahm 1814 als Truppenarzt am Feldzug in Frankreich teil und leitete später preußische Lazarette in Lüttich und Versailles. Förderte die studentische Turnbewegung und nahm am Wartburgfest teil. Von den »Demagogenverfolgungen« blieb er verschont. Seit 1831 Mitglied des sachsen-weimarischen Landtags. Leitete seit 1847 als Psychiater die Irren-, Heil- und Pflegeanstalt in Jena.

Kotzebue, August von (1761–1819)
Schriftsteller. Trat 1781 nach einem Studium der Rechtswissenschaft in den russischen Staatsdienst, der ihm den Adelstitel und den Titel eines Staatsrats eintrug. Schrieb mehr als 200 sentimentale Theaterstücke und war der erfolgreichste Theaterschriftsteller seiner Zeit. Kehrte 1817 in seine Geburtsstadt Weimar zurück. Unterstützte in seinem »Literarischen Wochenblatt« die Restaurationspolitik der deutschen Fürsten und polemisierte gegen die Burschenschaft und die Turnbewegung. Schrieb für die russische Regierung geheime Berichte über die deutsche Literatur und die deutschen Universitäten. Einen dieser Berichte konnte Luden in seiner Zeitschrift »Nemesis« veröffentlichen. Am 18. Oktober 1817 verbrannten die Studenten auf dem Wartburgfest symbolisch K.s »Geschichte des deutschen Reiches von den Anfängen bis zur Gegenwart«. Der Burschenschafter Sand sah in K. den Prototyp des Vaterlandsverräters und ermordete ihn.

Landsmannschaften
Verbindungen von Studenten, die aus einer bestimmten Region stammten. Seit etwa 1810 nannten sich die Landsmannschaften »Corps«. Sie waren partikularistisch eingestellt und wurden seit 1815 durch die national orientierten Burschenschaften zurückgedrängt.

Luden, Heinrich (Hinrich) (1778–1847)
Historiker. Studierte in Göttingen evangelische Theologie. Sein eigentlicher historischer Lehrer war der Geschichtsschreiber Johannes von Müller. Erhielt 1807 in Jena eine außerordentliche Professur. Hielt seit 1808 national betonte Vorlesungen über deutsche Geschichte. Wurde einer der wichtigsten Mentoren der Burschenschaft. Regte die Ausarbeitung der »Grundsätze und Beschlüsse des 18. Oktober« durch Riemann und Müller an und redigierte sie. 1823 wurde ihm verboten, Vorlesungen über Politik zu halten. Veröffentlichte seit 1825 eine »Geschichte des deutschen Volkes« in 12 Bänden.

Maßmann, Hans (Johann) Ferdinand (1797–1874)
Studierte seit 1814 in Berlin und Jena Philologie und evangelische Theologie. 1815 Kriegsfreiwilliger. Begeisterter Turner und Lieblingsschüler Jahns, der ihn zu Ostern 1816 nach Jena entsandte. Die Hauptinitiative für das Wartburgfest ging von M. u. wohl von Jahn aus. Organisierte am Abend des 18. Oktober 1817 die spektakuläre Bücherverbrennung. Veröffentlichte noch 1817 eine

»kurze und wahrhaftige Beschreibung« des Wartburgfestes. Seit 1818 Turnlehrer am evangelischen Gymnasium in Berlin. 1820 wegen »demagogischer Untriebe« entlassen. Seit 1829 in München Professor für Deutsche Sprache und Literatur. Kehrte 1842 nach Berlin zurück, um das staatliche Turnwesen in Preußen zu organisieren.

Müller, Karl Johann Heinrich (1794-1857)
Studierte seit 1812 in Jena Rechtswissenschaft. 1813 Lützower Jäger, später Leutnant in einem preußischen Infanterieregiment. Verfasste im Winter 1817/18 zusammen mit Riemann die »Grundsätze und Beschlüsse des 18. Oktober«. 1820 im Zuge der »Demagogenverfolgungen« verhört. Seit 1824 Gerichtsverwalter in Woldegk/Mecklenburg, seit 1832 Stadtrichter in Neubrandenburg.

Oken (eigentlich Okenfuß), Lorenz (1779-1851)
Naturforscher und Naturphilosoph. Studierte in Freiburg (Breisgau) Medizin. Erhielt 1807 in Jena eine außerordentliche Professur für Medizin, 1812 eine ordentliche Professur für Naturgeschichte. Gab seit 1816 die Zeitschrift »Isis« heraus, in der er die Restaurationspolitik der deutschen Fürsten scharf kritisierte. Nahm 1817 am Wartburgfest teil. Verlor 1819 seine Professur in Jena, weil er sich weigerte, die »Isis« aufzugeben. Seit 1827 Professor für Physiologie in München, seit 1833 Professor für Naturgeschichte und erster Rektor der neugegründeten Universität Zürich.

Progreß
Um 1840 entstandene radikal-demokratische studentische Bewegung. Die Niederlage der Revolution von 1848/49 bedeutete auch das Ende der Progreßbewegung.

Renonce
(»Verzichter«) Student, der keiner Landsmannschaft angehörte.

Riemann, Heinrich Arminius (nannte sich Heinrich Hermann R.) (1793-1872)
Studierte seit 1812 in Jena evangelische Theologie. 1813 Lützower Jäger, 1815 Leutnant der preußischen Landwehr. In der Schlacht bei Ligny am 16. Juni 1815 verwundet. Mit dem Eisernen Kreuz ausgezeichnet. Gilt als Mitgründer der Jenaischen Burschenschaft, obwohl er am 12. Juni nicht zugegen sein konnte. 1816/17 »Sprecher« (Vorsitzender) der Jenaischen Burschenschaft. Verfaßte im Winter 1817/18 auf Vorschlag seines Lehrers Luden zusammen mit Karl Müller die »Grundsätze und Beschlüsse des 18. Oktober«. Seit 1818 Privatlehrer in Boizenburg an der Elbe. 1819 auf Veranlassung von Kamptz verhaftet. Bis 1821 unter polizeilicher Kontrolle. Seit 1821 Lehrer am Gymnasium in Friedland. Seit 1835 Pfarrer an der Marienkirche in Friedland. 1848 demokratischer Abgeordneter im Mecklenburg-Strelitzer Landtag. Deshalb 1850 erneut als »Staatsfeind« verdächtigt.

Rödiger, Georg Ludwig Julius Konrad (1798–1866)
Studierte seit 1814 in Heidelberg evangelische Theologie. Folgte 1816 seinem Lehrer Fries nach Jena. Hielt am Abend des 18. Oktober 1817 auf dem Wartenberg seine berühmte (von Fries inspirierte) »Feuerrede«, die von Kamptz für »staatsverbrecherisch« erklärt wurde. 1819 in Berlin im Zuge der »Demagogenverfolgungen« verhaftet. Seit 1822 Gymnasialprofessor in Frankfurt a. M.

Sand, Carl Ludwig (1795–1820)
Studierte seit 1814 in Tübingen, dann in Erlangen, seit 1817 in Jena evangelische Theologie. 1815 Kriegsfreiwilliger (kam nicht zum Einsatz). 1816 in Erlangen Mitbegründer der »Teutschen Burschenschaft« (Teutonia). Beim Wartburgfest Fahnenbegleiter und Mitglied des Festausschusses. Schloß sich in Jena den radikalen »Schwarzen« an und wurde unter dem Einfluß Karl Follens endgültig zum Fanatiker. Ermordete 1819 den Literaten Kotzebue, in dem er den Prototyp des Vaterlandsverräters sah. Wurde zum Tode verurteilt und hingerichtet.

Scheidler, Karl Hermann (1795–1866)
1813/14 Lützower Jäger. Studierte seit 1814 in Jena Rechtswissenschaft. Begeisterter Schüler von Fries. 1815 Mitbegründer der Jenaischen Burschenschaft. Setzte sein Studium in Berlin fort. Am 18. Oktober 1817 »Burgvogt« des Wartburgfestes. Warnte 1818 in Jena vor einer offiziellen Annahme der »Grundsätze und Beschlüsse des 18. Oktober«. Seit 1818 im preußischen Staatsdienst, seit 1826 Professor der Philosophie in Jena. 1847 Förderer der Progreßbewegung.

Schmalz, Theodor Anton Heinrich (1760–1831)
Jurist. Seit 1789 Professor in Königsberg, seit 1803 in Halle. 1810/11 Gründungsrektor der Berliner Universität. Zettelte 1815 den »Tugendbundstreit« an: behauptete fälschlich, der 1809 aufgelöste patriotische Tugendbund bestehe weiterhin und plane revolutionäre Aktivitäten. Die Burschenschafter bezeichneten seitdem die reaktionären Gesinnungsgenossen des Sch. als »Schmalzgesellen«.

Schweitzer, Christian Wilhelm (1781–1856)
Jurist und Politiker. Studierte in Leipzig Rechtswissenschaft. Rechtsanwalt in Ronneburg. Seit 1810 Professor in Jena. Wirkte aktiv an der Ausarbeitung der Verfassung Sachsen-Weimars vom Jahre 1816 mit. Nahm eher zufällig am Wartburgfest teil (befand sich gerade auf einer Dienstreise nach Eisenach). 1818 in die Regierung Sachsen-Weimars berufen. Seit 1842 Staatsminister. Im März 1848 gestürzt.

Wesselhoeft, Robert (1796–1852)
Studierte ab 1815 in Jena Rechtswissenschaft. Mitglied des Vorstands der

Jenaischen Burschenschaft. Verfaßte 1817 die Einladungen zum Wartburgfest. Leitete 1818 die Gründungsversammlung der Allgemeinen deutschen Burschenschaft. 1819 letzter »Sprecher« (Vorsitzender) der Jenaischen Burschenschaft. 1822 Vorsitzender des illegalen revolutionären »Jünglingsbundes«. 1824 verhaftet, 1828 zu 15 Jahren Festungshaft verurteilt (1831 entlassen). Emigrierte 1840 in die USA. 1843 an der Universität Basel in absentia zum Dr. med. promoviert. Seit 1846 ärztlicher Leiter einer Kaltwasseranstalt.

XIV. Quellen- und Literaturverzeichnis

Helmut Asmus (Hrsg.), Studentische Burschenschaften und bürgerliche Umwälzung. Zum 175. Jahrestag des Wartburgfestes, Berlin 1992

Helmut Asmus, Das Wartburgfest. Studentische Reformbewegungen 1770–1819, Magdeburg 1995

Joachim Bauer, Zur Geschichte einer Festlegende: 1817 – 1848 – 1867, in: Hans-Werner Hahn u. Werner Greiling (Hrsg.), Die Revolution von 1848/49 in Thüringen. Aktionsräume – Handlungsebenen – Wirkungen, Rudolstadt u. Jena 1998, S. 535–561

Joachim Bauer, Studentische Festerwartungen. Das Wartburgfest 1817, in: Enno Bünz, Rainer Gries u. Frank Möller (Hrsg.), Der Tag X in der Geschichte. Erwartungen und Enttäuschungen seit tausend Jahren, Stuttgart 1997, S. 145–168

Joachim Bauer/Jutta Krauß, »Wartburg-Mythos« und Nation in der ersten Hälfte des 19. Jahrhunderts, in: Hans-Werner Hahn u. Werner Greiling (Hrsg.), Die Revolution von 1848/49 in Thüringen, S. 513–533

Wolfgang Benz, Das Wartburgfest. Ursprungsmythen des Nationalismus, Erfurt 2015

Peter Brandt, Das studentische Wartburgfest vom 18./19. Oktober 1817, in: Dieter Düding/Peter Friedemann/Paul Münch (Hrsg.), Öffentliche Festkultur. Politische Feste in Deutschland von der Aufklärung bis zum Ersten Weltkrieg, Reinbek 1988, S. 89–112

Reinhold Brunner, Das Burschenschaftsdenkmal in Eisenach. Die wechselvolle Geschichte eines Bauwerkes, Eisenach 1991

Otto Dann, Geheime Organisierung und politisches Engagement im deutschen Bürgertum des frühen 19. Jahrhunderts. Der Tugendbund-Streit in Preußen, in: Geheime Gesellschaften. Hrsg. von Peter Christian Ludz, Heidelberg 1979, S. 399–428

Dieter Düding, Das deutsche Nationalfest von 1814. Matrix der deutschen Nationalfeste im 19. Jahrhundert, in: Dieter Düding/Peter Friedemann/Paul Münch (Hrsg.), Öffentliche Festkultur, S. 67–88

Helge Dvorak, Biographisches Lexikon der Deutschen Burschenschaft. Hrsg. von Christian Hünemörder, Bd. I: Politiker, Teilbände 1–6, Heidelberg 1996–2005

Heinrich Ehrentreich, Heinrich Luden und sein Einfluß auf die Burschenschaft, in: Herman Haupt (Hrsg.), Quellen und Darstellungen zur Geschichte der Burschenschaft und der deutschen Einheitsbewegung, Bd. 4, Heidelberg 1913, S. 48–129

Gerd Fesser, »Ein Deutschland ist …«, in: DIE ZEIT, Nr. 43 vom 16. Oktober 1992, S. 102

Gerd Fesser, Vor der Napoleonzeit zum Bismarckreich. Streiflichter zur deutschen Geschichte im 19. Jahrhundert, Bremen 2001

Gerd Fesser, Preußische Mythen. Ereignisse und Gestalten aus der Zeit der Stein/Hardenbergschen Reformen und der Befreiungskriege, Bremen 2012

Gerd Fesser, 1815. Waterloo – Napoleons letzte Schlacht, Jena-Quedlinburg o. J. [2015]

Willy Flach, Ein Polizeiagent Metternichs bei Goethe. Eine unbekannte Quelle zum Wartburgfest 1817, in: Festschrift für Wolfgang Vulpius zu seinem 60. Geburtstag am 27. November 1957, Weimar 1957, S. 7–35

Etienne François, Die Wartburg, in: Etienne *François* und Hagen Schulze (Hrsg.), Deutsche Erinnerungsorte II, München 2001, S. 154–170

Geschichte der Universität Jena 1548/58–1958.

Festgabe zum vierhundertjährigen Universitätsjubiläum. Hrsg. von Max Steinmetz, Bd. I: Darstellung, Jena 1958, Bd. II: Quellenedition zur 400-Jahr-Feier 1958, Jena 1962

Karen Hagemann, »Mannlicher Muth und Teutsche Ehre«. Nation, Militär und Geschlecht zur Zeit der Antinapoleonischen Kriege Preußens, Paderborn-München-Wien-Zürich 2002

Wolfgang Hardtwig, Vormärz. Der monarchische Staat und das Bürgertum, 4. aktualisierte Auflage, München 1998

Wolfgang Hardtwig, Studentische Mentalität – politische Jugendbewegung – Nationalismus. Die Anfänge der deutschen Burschenschaft, in: Historische Zeitschrift, Bd. 242, 1986, H. 3, S. 581–628

Wolfgang Hardtwig, Zivilisierung und Politisierung. Die studentische Reformbewegung 1750–1818, in: Klaus Malettke (Hrsg.), 175 Jahre Wartburgfest, S. 31–60

Angela Luise Heinemann, Die Entstehung der Jenaer Urburschenschaft und das Wartburgfest als mediale Inszenierung, in: Harald Lönnecker (Hrsg.), »Deutschland immer gedient zu haben ist unser höchstes Lob!« Zweihundert Jahre Deutsche Burschenschaften. Eine Festschrift zur 200. Wiederkehr des Gründungstages der Burschenschaft am 12. Juni 1815 in Jena, Heidelberg 2015, S. 1–78

Dietrich Heither, Michael Gehler, Alexandra Kurth, Gerhard Schäfer, Blut und Paukboden. Eine Geschichte der Burschenschaften, Frankfurt am Main 1997

Hans Herz, Burschenschaft, in: Lexikon zur Parteiengeschichte. Die bürgerlichen und kleinbürgerlichen Parteien und Verbände in Deutschland (1789–1945). In vier Bänden. Hrsg. von Dieter Friecke, Werner Fritsch [u. a.], Bd. 1: Alldeutscher Verband – Deutsche Liga für Menschenrechte, Leipzig 1983, S. 383–390

Ernst Rudolf Huber (Hrsg.), Dokumente zur deutschen Verfassungsgeschichte. Bd. 1: Deutsche Verfassungsdokumente 1803–1850, 3., neubearb. u. vermehrte Aufl., Stuttgart-Berlin-Köln-Mainz 1978

Ernst Rudolf Huber, Deutsche Verfassungsgeschichte seit 1789, Bd. I: Reform und Restauration 1789 bis 1820, 2., verbesserte Auflage, Stuttgart-Berlin-Köln 1990

Peter Kaupp, »Aller Welt zum erfreulichen Beispiel«. Das Wartburgfest von 1817 und seine Auswirkungen auf die demokratischen deutschen Verfassungen, in: Bernhard Schroeter (Hrsg.), Für Burschenschaft und Vaterland. Festschrift für den Burschenschafter und Studentenhistoriker Prof. (FH) Dr. Peter Kaupp, Norderstedt 2006, S. 27–52

Peter Kaupp, Von den Farben der Jenaischen Urburschenschaft zu den deutschen Farben – Ein Beitrag zur Frühgeschichte der Entstehung von Schwarz-Rot-Gold, in: Bernhard Schroeter (Hrsg.), Für Burschenschaft und Vaterland, S. 63–98

Peter Kaupp, Goethe und die Burschenschaft, in: Bernhard Schroeter (Hrsg.), Für Burschenschaft und Vaterland, S. 309–334

Dietrich Georg Kieser, Das Wartburgfest am 18. Oktober 1817. In seiner Entstehung, Ausführung und Folgen. Nach Actenstücken und Augenzeugen, Jena 1818

Jutta Krause, Das Wartburgfest der deutschen Burschenschaft, Regensburg 2011

Hugo Kühn (Hrsg.), Das Wartburgfest am 18. Oktober 1817. Zeitgenössische Darstellung, archivalische Akten und Urkunden, Weimar 1913

Karin Luys, Die Anfänge der deutschen Nationalbewegung von 1815 bis 1819, Münster 1992

[Hans Ferdinand Maßmann], Kurze und wahrhaftige Beschreibung des großen Burschenfestes auf der Wartburg bei Eisenach am 18ten und 19ten des Siegesmondes 1817. Gedruckt in diesem Jahr

Klaus Malettke (Hrsg.), 175 Jahre Wartburgfest. 18. Oktober 1817 – 18. Oktober 1982. Studien zur politischen Bedeutung und zum Zeithindergrund der Wartburgfeier, Heidelberg 1992

Karl Alexander von Müller, Karl Ludwig Sand. München 1925

Thomas Nipperdey, Deutsche Geschichte 1800–1866. Bürgerwelt und starker Staat, 4. Aufl., München 1987

Angelika Pöthe, Carl Alexander. Mäzen in Weimars ›Silberner Zeit‹, Köln-Weimar-Wien 1998

Klaus Ries, Burschenturner, politische Professoren und die Entstehung einer neuen Öffentlichkeit, in: Helma Brunck, Harald Lönnecker, Klaus Oldenhage (Hrsg.),«… ein großes Ganzes …, wenn auch verschieden in seinen Teilen«. Beiträge zur Geschichte der Burschenschaft, Heidelberg 2012, S. 1–123

Siegfried Schiele (Hrsg.), Wartburgfest 1817 – Aufbruch zur deutschen Einheit, Stuttgart 1991 = Landeszentrale für politische Bildung Baden-Württemberg, Deutschland und Europa. Reihe für Politik, Geschichte, Geographie, Deutsch, H. 21

Walter Schmidt, Die vom preußischen Kammergericht am 4. August 1836 zum Tode verurteilten Burschenschafter. – Die Umwandlung der Todesurteile in Festungshaft, die Begnadigung vom März 1838 und die anläßlich des Thronwechsels erfolgte Amnestie vom 10. August 1840, in: Bernhard Schroeter (Hrsg.), Für Burschenschaft und Vaterland, S. 110–155

Franz Schnabel, Deutsche Geschichte im neunzehnten Jahrhundert, Bd. 2: Monarchie und Volkssouveränität, München 1987

Willi Schröder, Burschenturner im Kampf um Einheit und Freiheit, Berlin 1967

Bernhard Schroeter (Hrsg.), Für Burschenschaft und Vaterland. Festschrift für den Burschenschafter und Studentenhistoriker Prof. (FH) Dr. Peter Kaupp, Norderstedt 2006

Günter Schuchardt, »Die Burg des Lichtes«. Zur Restaurierungsgeschichte der Wartburg als national-dynastisches Projekt, in: Lothar Ehrlich u. Justus H. Ulbricht (Hrsg.), Carl Alexander von Sachsen-Weimar-Eisenach. Erbe, Mäzen und Politiker, Köln-Weimar-Wien 2004, S. 201–215

Günter Schuchardt, Welterbe Wartburg, 8. Auflage, Regensburg 2013

Hagen Schulze, Sand, Kotzebue und das Blut des Verräters (1819), in: Alexander Demandt(Hrsg.), Das Attentat in der Geschichte, Köln-Weimar-Wien 1996, S. 215–232

Günter Steiger, Das »Phantom der Wartburgverschwörung« 1817 im Spiegel neuer Quellen aus den Akten der preußischen politischen Polizei. Eine Quellenedition mit einem Beitrag zur preußischen Innenpolitik, der Reaktion Friedrich Wilhelms III., des Polizeidirektors von Kamptz und des Senats der Universität Berlin auf das Wartburgfest (Oktober/November 1817), in: Wissenschaftliche Zeitschrift der Friedrich-Schiller-Universität Jena, Gesellschafts- und Sprachwissenschaftliche Reihe, 15. Jahrgang, 1966, S. 183–212

Günter Steiger, Ideale und Irrtümer eines deutschen Studentenlebens. Das »Selbstbekenntnis« des Studenten Anton Haupt aus Wismar über seine Jenaer

Burschenschafterzeit (1817–1819) und die gegen ihn 1820 in Bonn geführten Untersuchungen, Jena 1966

Günter Steiger, Urburschenschaft und Wartburgfest. Aufbruch nach Deutschland, 2., bearb. und erweiterte Auflage, Leipzig 1991

Heinrich von Treitschke, Deutsche Geschichte im Neunzehnten Jahrhundert, 2. Teil: Bis zu den Karlsbader Beschlüssen. Neue Ausgabe, Leipzig 1927

Hans Tümmler, Wartburgfest, Weimar und Wien. Der Staat Carl August in der Auseinandersetzung mit den Folgen des Studentenfestes von 1817, in: Historische Zeitschrift, Bd. 215, 1972, H. 1, S. 49–106

Hans Tümmler (Hrsg.), Politischer Briefwechsel des Herzogs und Großherzogs Carl August von Weimar, Bd. 3: Von der Rheinbundzeit bis zum Ende der Regierung 1808–1828, Göttingen 1973

Hans Tümmler, Weimar, Wartburg, Fürstenbund 1776–1820. Geist und Politik im Thüringen der Goethezeit. Gesammelte Aufsätze, Bad Neustadt a. d. Saale 1995

Hans-Ulrich Wehler, Deutsche Gesellschaftsgeschichte, Bd. 2: Von der Reformära bis zur industriellen und politischen »Deutschen Doppelrevolution« 1815–1845/49, 4. Auflage, München 1996

Paul Wentzke, Geschichte der Deutschen Burschenschaft, 1. Bd.: Vor- und Frühzeit bis zu den Karlsbader Beschlüssen, Heidelberg 1919

Robert Wesselhoeft, Geschichte der Jenaischen Burschenschaft. Hrsg. und eingeleitet von Peter Kaupp und Klaus Malettke, in: Klaus Malettke (Hrsg.), 175 Jahre Wartburgfest, S. 233–362

Adam Zamoyski, Phantome des Terrors. Die Angst vor der Revolution und die Unterdrückung der Freiheit 1780–1848, München 2016

Personenverzeichnis

A

Ackermann, Geheimer Referendarius 48
Aegidi, Ernst August 10
Alexander I., Zar von Rußland 58, 74
Alopäus, Franz David von 50
Ancillon, Friedrich von 15
Arminius (Hermann) der Cherusker 39
Arndt, Ernst Moritz 12, 17, 20 f., 23, 25–27, 44, 63, 65 f., 76, 83, 88, 94, 105
Ascher, Saul 17
Asverus, Gustav 36
Augusta, Deutsche Kaiserin und Königin von Preußen 74

B

Beck, Karl Heinrich 28
Becker, Alfred 66
Beust, Carl Leopold Graf von 66
Binzer, Daniel von 10, 65
Bismarck, Otto Fürst von 77
Blücher, Gebhard Leberecht von 28, 83, 102
Blum, Robert 72
Brehmer 80
Brüggemann, Karl-Heinrich 69

C

Camphausen, Ludwig 70
Canicoff (Chanykow), Basilius von 50
Carl Alexander, Großherzog von Sachsen-Weimar 74–77
Carl August, Großherzog von Sachsen-Weimar 12, 18, 42 f., 47–50, 63 f., 66, 74, 77, 81, 83 f., 86 f., 89 f., 91 f., 96, 105
Carl Friedrich, Großherzog von Sachsen-Weimar 74 f.
Carové, Friedrich Wilhelm 18, 39, 42, 44, 93, 105 f.

Cölln, Georg Friedrich von 21
Crome, Georg Heinrich August 10

D
Danz, Johann Traugott Leberecht 96
Davout, Louis Nicolas 101
De Wette, Wilhelm Martin 61
Diebitsch, Johann Karl Friedrich Anton Graf 22, 101
Donndorf, Adolf 31
Dürre, Christian Eduard Ludwig 32, 38, 41, 43, 106 f.

E
Elisabeth, Landgräfin von Thüringen 75 f.
Endling, Albert Cajetan Graf von 50

F
Fichte, Johann Gottlieb 17, 21, 66, 76
Förster, Adolph Friedrich 44
Förster, Ernst 32
Follen, August Ludwig 27, 38, 55, 106
Follen, Karl 38 f., 55, 57, 59, 65, 106 f., 111
Friedrich (III.), der Weise, Kurfürst von Sachsen 10
Friedrich Wilhelm III., König von Preußen 15 f., 20–22, 49, 51, 69
Friedrich Wilhelm IV., König von Preußen 69 f., 72
Friedrich Wilhelm Herzog zu Braunschweig-Lüneburg-Oels 83
Fries, Jakob Friedrich 11 f., 14, 32 f., 39, 46, 49, 61, 63, 76, 88, 90, 93, 107, 111
Friesen, Friedrich 12, 21, 24, 30 f., 108
Fritsch, Karl Wilhelm Freiherr von 42, 48, 82

G
Gagern, Heinrich Freiherr von 57, 70, 103, 107 f.
Gentz, Friedrich 52, 62, 64
Gersdorff, Ernst Christian August Freiherr von 42, 46, 82
Gneisenau, August von 27, 66, 83

Goethe, Johann Wolfgang von 32, 34, 45 f., 48 f., 74
Gruner, Justus von 27 f.

H
Haller, Karl Ludwig von 15
Hardenberg, Karl August Freiherr von 19, 27, 47, 49, 58
Hegel, Georg Wilhelm Friedrich 18, 106
Hegewisch, Franz Hermann 54
Heine, Heinrich 17
Heinrich, Philipp 10
Heinrichs, Johann Karl 34
Herder, Johann Gottfried von 32
Hodler, Ferdinand 24
Hoffmann, Karl 26 f., 36, 38 f., 41, 108
Hofmann, Heinrich Karl 39
Horn, Karl 35, 76, 108
Huber, Ernst Rudolf 7, 45
Humboldt, Wilhelm Freiherr von 58

I
Ibell, Karl 27, 61

J
Jacoby, Heinrich 69
Jahn, Friedrich Ludwig 12, 14 f., 17 f., 21, 24–27, 30–32, 41, 63, 83, 88, 94, 107–109
Jérôme Bonaparte, König von Westphalen 19

K
Kaffenberger, Wilhelm 34
Kamptz, Karl Christoph Alfred Heinrich von 16 f., 47 f., 66, 69, 84, 86, 108
Karlstadt, Andreas Rudolf 88
Kehr, Eckart 23
Keller, Eduard Ernst Karl Graf von 10, 37, 54, 72

Kieser, Dietrich Georg 11, 32 f., 35 f., 41, 49, 72, 90, 108 f.
Kleist, Heinrich von 21
Klisear, von, Kammerherr 95
Körner, Theodor 12, 23 f., 44, 60, 83
Kotzebue, August von 16, 45, 55 f., 58–63, 96, 109, 111

L

Lauteren, Johann Anton Christian Joseph 10
Leo X., Papst 14
Lindner, Ludwig 56
Lingstedt, Heinrich August 10
Liszt, Franz 75
Löning, Ernst Heinrich 39
Löning, Karl 61
Loholm, Carl Ludwig Christoph 36, 54 f.
Lorenz, Johann Christian 10
Louis Philippe, König der Franzosen 70
Luden, Heinrich 32 f., 34, 41, 53 f., 55 f., 66, 76, 109 f.
Lützow, Adolf von 23
Luther, Martin 10, 14, 41 f., 76, 82, 87 f.

M

Maria Pawlowna, Großherzogin von Sachsen-Weimar 74 f.
Martin, Adolph 65
Maßmann, Hans Ferdinand 14, 32, 38, 41, 91 f., 107, 109 f.
Maximilian I., König von Bayern 46
Metternich, Clemens Nepomuk Lothar Fürst von M.-Winneburg 48–52, 62–64, 67, 70, 103
Moltke, Helmuth von 77
Motte-Fouqué, Friedrich de la 75
Motz, Philipp Wilhelm von 10, 66
Müffling, Karl Friedrich Freiherr von 66
Mühlenfels, Ludwig von 39
Mühler, Heinrich Gottlob von 69

Müller, Adam Heinrich Ritter von Nittersdorf 21, 52
Müller, August 50
Müller, Johannes von 109
Müller, Karl Johann Heinrich 53–55, 109 f.
Müller-Strübing, Hermann 69

N
Napoleon I., Kaiser der Franzosen 19–23, 25–28, 36, 101 f., 105
Nebe, Johann August 12, 41
Nikolaus I., Zar von Rußland 74
Noé, Karl Gustav 67

O
Oels siehe Friedrich Wilhelm Herzog zu Braunschweig-Lüneburg-Oels
Oken, Lorenz 11 f., 32 f., 41, 46, 49, 56, 58, 63, 76, 88, 90, 110
Olshausen, Justus 54
Ompteda, Karl Ludwig Georg von 22
Otto, Carl August Theodor 69

P
Paul I., Zar von Rußland 74
Pfaffenberger-Hoffmann, Karl 41

R
Reinhard, Charles Frédéric Graf 47
Reuter, Fritz 69, 103
Riemann, Heinrich Hermann 11–13, 34 f., 37 f., 43 f., 53–55, 57, 76, 90, 107, 109 f.
Ritgen Hugo von 75
Rochow, Gustav Adolf Rochus von 69
Rödiger, Georg Ludwig 13, 38 f., 46, 63, 87 f., 91, 93 f., 95, 111
Roon, Albrecht von 77
Rühs, Friedrich 39

S

Sand, Carl Ludwig 10, 40, 59–63, 103, 107, 111

Sartorius, Karl Christian Wilhelm 10

Sayn-Wittgenstein, Wilhelm Ludwig Georg Fürst zu 51

Sicard, Polizei-Oberkommissar 49, 51

Siewerßen, Friedrich Leopold 43 f., 53, 55

Simon, Carl Alexander 74

Snell, Ludwig 26 f.

Snell, Wilhelm 26 f., 38

Schadow, Johann Gottfried 88

Scharnhorst, Gerhard von 12, 16, 20, 22

Scheidler, Karl Hermann 10, 34, 37, 43 f., 54, 76, 87 f., 90, 95, 107, 111

Schill, Ferdinand von 12, 83

Schiller, Friedrich von 32

Schinkel, Friedrich 16

Schlegel, Friedrich 21, 75

Schleiermacher, Friedrich David 16, 61, 64, 66

Schmalz, Theodor 16, 111

Schüler, Christian Gottlieb 70

Schultz, Christoph Ludwig Friedrich 66

Schwab, Gustav 39

Schweitzer, Christian Wilhelm 11, 41, 49, 111

Schwind, Moritz von 75 f.

Schwendler, Friedrich-Christian August von 10

Stark, Johann Christian 95

Stein, Heinrich Friedrich Karl Reichsfreiherr vom und zum St. 19–21, 46, 66, 74, 105

Stourdza, Alexander Fürst 58, 63

T

Thon, Johann Karl Salomon 88

U

Uhland, Ludwig 39

V
Völker, Wilhelm Bernhard 11
Voigt, Christian Gottlob von 42, 82

W
Wagner, Richard 75
Walther von der Vogelweide 10
Weidig, Ludwig 26 f., 38
Welcker, Friedrich Gottlieb 26 f., 38, 63
Welcker, Karl Theodor 26 f., 63
Wellington, Arthur Wellesley, Herzog von W. 28, 102
Wesselhoeft, Robert 14, 37, 41 f., 43, 54 f., 57, 63, 65, 79, 102, 107, 111 f.
Wesselhoeft, Wilhelm 14
Wieland, Christoph Martin 32
Wilhelm I., Deutscher Kaiser und König von Preußen 74, 77
Wolfram von Eschenbach 10

Y
Yorck, Ludwig von 22, 101

Z
Zichy-Vásonykeö, Stephan Graf von 45, 49